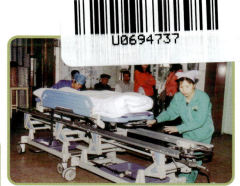

2003年新生活第一批护送员在工作中

2003年新生活第一批护送员

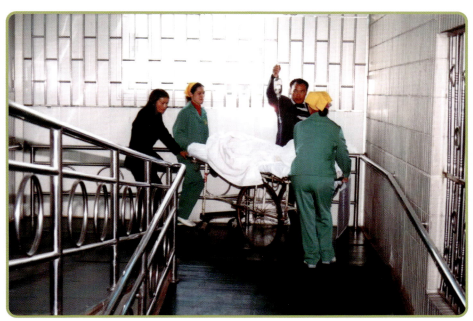

2003年新生活第一批护送员在工作中

2005年参加知识竞赛的护送员代表

2006年举办的温馨护送礼仪比赛

2008年护送员团建活动

2008年照护管理人员查房调研满意度

2008年护送员参加员工技能大赛

2022年SDSS全球服务设计联盟
上海峰会

朱荣芬董事长分享服务设计主题
演讲"从2B到B2B2C的转型"

2022年爱护宁职业技能培训学校成立

2022年
爱护宁职业技能学校揭牌成立

爱护宁职业技能培训学校

2022年4月19日,新生活20周年庆祝及爱护宁学校成立揭牌

2022年新生活20周年庆典上
朱荣芬董事长"20年"主题演讲

2022年新生活20周年庆典暨爱护宁发布会

2023年爱护宁系列教材《基础照护知识与技能》新书发布会朱董发言

2023年爱护宁系列教材《基础照护知识与技能》新书发布会

2023年爱护宁系列教材《基础照护知识与技能》新书发布会揭幕

爱护宁系列教材《基础照护知识与技能》

2023年爱护宁系列教材《基础照护知识与技能》新书发布会

2023荷兰博组客与新生活社区居家照护项目交流座谈会

2023年新生活
与荷兰博组客签约仪式

2023年荷兰博组客到新生活项目参观交流

爱与陪伴，照护无忧

2024年荷兰博组客亚太区总裁Stephan Dyckerhoff、中国总经理黄家悌到访新生活公司

2024年爱护宁品牌获得HOME+国际大赛领奖

2024年爱护宁品牌获得HOME+国际大赛领奖

爱护宁"最成功设计奖"

2023年"设计机遇 · 遇见未来"成功设计大赛颁奖典礼朱董上台领奖

2024年新竹社区社区居家养老服务中心开业揭牌

2024年新生活进驻南宁新竹社区揭牌仪式

2024年朱董在广西医科大学第一附属医院给一线员工培训

礼仪新生活——2024第二季度董事长课堂在广西医科大学第一附属医院开班

爱护宁

从我在行业中22年的探索看照护的未来

朱荣芬 著

经济管理出版社
ECONOMY & MANAGEMENT PUBLISHING HOUSE

图书在版编目（CIP）数据

爱护宁：从我在行业中 22 年的探索看照护的未来 ／
朱荣芬著. -- 北京：经济管理出版社，2024. -- ISBN
978-7-5096-9994-2

Ⅰ．D669.6

中国国家版本馆 CIP 数据核字第 20245UW205 号

组稿编辑：高　娅
责任编辑：高　娅
责任印制：许　艳

出版发行：经济管理出版社
　　　　　（北京市海淀区北蜂窝 8 号中雅大厦 A 座 11 层　100038）
网　　　址：www.E-mp.com.cn
电　　　话：(010) 51915602
印　　　刷：唐山玺诚印务有限公司
经　　　销：新华书店
开　　　本：880mm×1230mm/32
印　　　张：8
字　　　数：159 千字
版　　　次：2024 年 12 月第 1 版　　2024 年 12 月第 1 次印刷
书　　　号：ISBN 978-7-5096-9994-2
定　　　价：58.00 元

赞誉

《爱护宁——从我在行业中 22 年的探索看照护的未来》一书，是作者对养老照护行业深情厚谊的结晶。在从业者分散、专业度低的背景下，爱护宁以品牌战略为核心，展现了非凡的企业竞争力。其品牌口号"您需要 我就在"与"怀大爱心做小事情"的宣言，深深打动了人心。企业带头人以护工和老人的尊严为己任，这份坚持尤为难能可贵。正如书中所言，完美难求，但心怀感恩的忠诚足以感动读者。22 年的探索，见证了作者对养老照护事业的执着与热爱。这本书不仅是对经验的总结，更是对未来的展望，值得每一位关注养老事业的人细细品读。

——上海交大文创学院"新文创"CEO 企业家研修班产业
总顾问　杨云

朱荣芬有着 22 年的养老照护行业实践经验，并在持续不断的探索与实践中总结了一套独特的方法论。这本书以温暖和专业为核心，紧密结合当下，通过触动人心的真实案例和生动鲜活的故事，不仅展现了她对养老照护的独到洞见和深刻感悟，也让人感受到她 22 年来对行业的坚定信仰和执着追求。

桥中作为中国服务设计头部公司，近年来有幸与爱护宁保持长期深度合作，携手将创新而科学的服务设计方法论和理念赋能照护行业，打造以人为本的全周期照护模式，提升服务的整体质量和效能，致力于为每一位照护对象和家属带来温暖与关怀。我也很高兴看到合作的项目近年来在多个国际赛事上斩获大奖。

我衷心推荐这本书，相信它不仅能够成为行业从业者的重要指南，更能启发更多的企业和社会力量，共同推动中国养老照护事业的创新与发展。

——上海桥中商务咨询有限公司董事长　黄蔚

《爱护宁》不仅是一部关于养老照护行业的洞察之作，更是一部充满人文关怀与社会责任感的温馨佳作。未来学家约翰·奈斯比特曾说，21 世纪最激动人心的突破将不会来自技术，而是源于对"生而为人"的意义更加开阔的理解。朱荣芬博士通过细腻的笔触，令人深受生命意义之触动，读罢此书，我内心久久无法平静。我们恰好各自在一老一小的两个领域探索，深感"照护无小事"，养老照护和婴幼儿照护都关乎生命品质，需要兼具情感、专业、温暖，爱护宁品牌选择的道路必定会让更多的家庭因此而深深受益。相信通过读《爱护宁》一书，将会唤起更多人对养老照护行业的认识与关注，朱荣芬博士对行业发展带来的贡献，也令我充满敬意！

——全优加家庭服务集团/全优加托育早教连锁品牌
总裁　李汶渲

立足长远可持续发展，"怀大爱心做小事情"体现了极致的服务意识和工匠精神，直达客户内心的服务体验和情感价值，以及心怀仁慈的社会责任感，是新生活公司由内而发、面向未来的战略选择。以爱为名，以爱为魂，以爱为实，我们有理由相信新生活公司在朱荣芬博士的带领下，必将引领养老产业的健康发展。

——PSL·巴黎九大高级工商管理博士项目中方执行主任
张英俊

朱荣芬女士以其独特的视角和深厚的实践积累，为我们带来了《爱护宁》这本书。作为一位在医养健康服务领域深耕多年的企业家，她不仅创立了广西新生活医养健康服务股份有限公司，更以一颗满怀爱心的赤诚之心，引领着企业在服务设计与绩效管理上取得了显著成就。《爱护宁》不仅是一本关于老年看护的书籍，更是一次对老年生活质量的深刻思考。她将理论与实践相结合，为我们展现了一个充满温度和智慧的老年看护世界。书中提出的"以患者为中心的医疗服务设计项目"，不仅赢得了国际服务设计大赛的认可，更是她对企业文化、服务理念深刻理解的体现。她的"怀大爱心做小事情"精神为我们描绘了一个更加美好的老年生活蓝图。

——广西大学医学院院长、教授、博士生导师　齐忠权

在中国养老照护的巨流中，

"爱护宁"是一叶醒目的方舟。

它早已启航，正驶向星辰大海。

——刘剑律师

我甚至想，如果有一天，我老无所依，我的精神家园在哪里？也许我应该去新生活，去感受这份爱护宁所赋予的温馨。我也应该把自己的最后一抹光和热，通过实际行动留在这美好的人间！在获得应有的尊严的同时，也能够感受到夕阳无限好的诗意人生。

——张世贤教授

这种方法既是对传统孝道养老模式的传承，同时也将护理水平提升到了新的高度：从陪伴到护理，从责任到热情，从对依赖的悲观到对生活的信心——一种充满同理心、忠诚、仁爱、温暖与爱的护理方式。

——Dr. Stephan Dyckerhoff

朱董在书中特别提到了和博组客的缘分，朱董和我在居家和社区养老的领域中有着共识，希望通过创新推动高效高质量，推崇成果寻向的整合性护理。

——黄家悌总裁

作为一位在养老行业深耕 22 年的从业、管理者，朱博士将其丰富的实践经验和对行业发展的深刻理解融入书中，通过真实的案例、独到的见解，以及对未来趋势的剖析，揭示了养老行业的现状和挑战，同时也提出了养老照护未来发展的可能方向。

——金山権（KANEYAMA KEN）教授

荐序一

照护陌生人

"选养老，实质上是在选照护。"

这是本书作者朱荣芬博士常说的一句话，在这里，她提到了两个"超级问题"：一是养老，二是照护。

对于当今中国社会来说，养老已经成为一件大事，已上升到国家层面。粗略来说，中国现有超过 65 岁的老人已达 2 亿多人，预计到 2030 年，将会增长到 4 亿多人，这比世界上绝大多数国家的总人口还要多！在这些老龄人口中，患病、失能、失智的老人数量也是相当之大。尤其是可怕的阿尔茨海默病，目前我国估计有 1000 万以上的老人患有阿尔茨海默病，10 年之内这个数字可能会达到 3000 万，再加上其他疾病导致失能的老人，给养老行业、医疗行业、照护行业带来了巨大的压力。有人将中国未来 10 年的加速老龄化现象称为"银发海啸"，面对人类历史上从来没有遇到过的巨大挑战，我们将如何应对？这是一个全社会都回避不了的大问题。

因此，养老服务体系的建设已经是国家层面的战略问题，为此国家也做了相应的规划。早在 2017 年 2 月 28 日，国务院就发布了《"十三五"国家老龄事业发展和养老体系建设规划》，提出要建立多支柱、全覆盖、更加公平、可持续的社会保障体系，建立以居家养老为基础，社区养老为依托，机构养老为补充，医养结合的养老服务体系。这一服务体系包含的养老产业，涵盖了老年人衣、食、住、行、乐、医、护等多个方面，产业规模巨大。据有关方面估算，到 2020 年，养老产业的规模已经达到了 7.7 万亿元，而且每年以 11.4% 的速度增长，到 2030 年，养老产业的规模将超过 20 万亿元！如果把我国养老产业占 GDP 的比重设置为 20%（如美国的养老服务消费占 GDP 的比例为 22.3%，欧洲养老产业占 GDP 的比例达到 28.5%），我国将成为全球老龄产业市场潜力最大的国家。您说，这是不是个大"问题"？

老年人的需求主要分为四个方面：生理需求、健康需求、生活照料和精神慰藉。生理需求是指老有所养，老人的衣食住行有保障；健康需求是指老有所医，老人患病（尤其是慢性病），身体不适，甚至失能、失智，要有医疗服务；生活照料是指老人生活的辅助服务和辅助设施；精神慰藉，则是指老人应该得到归属感（老有所为，老有所学，老有所乐），应该被尊重，应该得到爱。这四个方面的需求，实质上只有一件事情贯穿其中，即照护。

照护是人类自古以来就有的行为。人类在老幼两个阶段都是被自己的亲人照护的，这是人一生中不可分割的一部分，甚至有学者认为，照护是现代医院、医疗服务的起源。幼时的幼儿园和年老后的养老院，都可能是每一个人一生中必须经历的场所，而在这些场所中最重要的就是需要的人得到了照护。在我国几亿老年人当中，有多少人是需要被照护的呢？估计70%以上的老年人都需要得到不同程度的照护。在前述老年人的四个方面需求当中，除了医疗服务需要专业的医生来提供外，其他的需求服务可以说基本上都属于照护服务。所以说，养老的事情有多大，照护的事情就有多大。成为高龄者后，所有的人都会有所失去。然而，您所失去的体力、能力、健康、自理、认知、快乐等，都需要并且可以通过照护服务来予以补偿。

照护的本质是什么呢？法国学者伊凡·杰内斯特是"人性照护法"的创始人，也有一部著作名为《照护的本质》，在这本著作中，他从人性关爱的角度，对照护的本质进行了有益的探讨，他认为"靠照护技巧无法处理的困境，只能回到人性来解决"。"人性照护法"主要由四个方面的照护常态构成："注视"，即以水平视线表示自己和对方关系平等，并且通过正面坚定注视，表现出真诚，通过正面和长时间的眼睛对视，表达我们的积极情感。"对话"，用平稳、不急不躁的语气，与被照护者进行对话，哪怕对方没有回答也要坚持对话，甚至用自问自答的方式找回话语权。"触摸"，不能用拇指像老鹰一样抓住对方，或者用指尖触摸对方，这样容易使对方误解为强制性或攻击性。应当平稳、轻柔、大面积地慢慢地触摸，尤其是从肩部或背部开始，而人的脸和手是极度敏感的部位，应该被触摸到。"站立"，如果患者能够站立，就尽量让其适当站立和步行，因为在站立的情况下，人更能感受到自己身体的完整性，并且感受到自己的尊严。综合归纳上述四个常规的照护原则，本质上就是"爱"的传递。"注视"是爱的表现，不"注视"无异于告诉对方"你不存在"；进而在照护中的"触摸"，更是人爱之于人的温暖抚慰。由此，我看到本书的作者也在谈论"爱"，谈论老年人的尊严，她认为只有用"爱"才能解决照护的核心问题，才能使所有的照护之法具有人性，才能真正维护老年人作为人的尊严。作者认为，照护就是"生命之杖"，是我们到了老龄之后都必须得使用的"拐杖"，这个比喻很形象，也揭示了照护的本质。因为，每一个生命都可能需要被照顾，一直到其有尊严地走向终结，若不如此，我们何以被称为人类？

"怀大爱心做小事情"一直是作者的理念，为此，本书专门开辟了一个部分来谈论"照护之源"。从《人类的善意》一直写到目前国际上流行的"实效利他主义"。这些文字的意义，不仅是要阐明她对照护本质的深刻理解和进一步做好这个行业的信念，更大程度上是为了把目前养老行业各种过于商业化的做法拉回到为"人"服务的初心上来，这一点对目前我国养老行业的实际情况特别重要。因为，我国目前的养老照护服务，已经不可能依靠传统的家庭伦理关系来完成。随着工业化的进展，传统的家庭结构已经弱化，甚至在城镇当中面临解体，加上前几十年生育政策的影响，我国的失独老人、空巢老人占据的比例比较大。据张瑾等在《我国养老服务体系建设重点问题研究》一书中披露，1975~2010 年，有超过 1000 万的独生子女在 25 岁之前死亡，中国有 2000 万左右的父母成为失独者。而由于子女上学、工作、异地结婚等原因形成的空巢老人，在 2020 年时就已经达到了 1.18 亿人之多。再加上需要专业护理和医疗辅助的失能、失智老人，在 2020 年时已经达到了 4200 多万人。可见，如此大数量的老人，基本上丧失了由家庭成员照护的可能性，因此，越来越需要由社会照顾陌生人。

其实，照护陌生人是养老照护服务的常态，不仅在中国如此，在全世界也是如此。因为，现代社会实现了高度的工业化、信息化和城镇化，即使在发达国家，家庭的照护功能和作用也在逐步地削弱或瓦解。有一名英国人因为在报纸上发表如何照护自己生病的父母的文章而走红，于是他出了一本书，书名为《不情愿的照护》。为了保护父母的隐私，他以匿名方式署名，取名"不情愿的照护者"。他的故事从一个电话开始，没错，就是我们都害怕的那种电话。他父亲因心脏病发作被送进医院，留下母亲独自在家。所以，作者回到了童年时期的房子，开始了看护父母的生活，全书记录了他近两年时间的照护经历，但是，他觉得自己的生活就像父母的健康一样迅速崩溃了。"每天晚上，我都要伴着父母被病痛折磨的呻吟声艰难入睡，但是只要家里一安静下来，我就会条件反射般从睡梦中惊醒，翻身下床冲去查看他们是否还活着。在日常生活的不堪与琐碎中，疲惫与绝望交替登场。而我能想到最安慰人心的话就是：'这种日子过不了多久了。'"为了做好照护，这名英国人失去了工作，婚姻也出现了危机。在艰难的照护中，协调与父母、与兄弟姐妹、与护工、与医院、与其他相关机构的关系，使他倍感身心疲惫。可以看出，照护更大程度上是一种社会责任，而不是子女尽点孝道就能解决好的小事情。尤其是现代社会，老人的生活诉求、精神需求、对专业辅助设施的依赖、对经常性医疗的需求等，都不是传统的家庭成员间的照护所能满足的。这位"不情愿的照护者"总结道："照护父母可以轻而易举地将爱化为灾难，正如它轻而易举地将灾难化为爱。"

毫无疑问，照护不仅是全社会的一项责任，也需要由专业机构、有资质的专业人士，依照专业的规则，富有爱心地去完成。目前，我们面临的问题不仅是照护者的素质不高，而且是照护者的数量严重缺乏。按照国家关于养老机构管理的相关规定，照护人员与被照护者的配备比例是：对于生活能够自理的配备比例为 1∶8；需要半护理的配备比例不低于 1∶5；需要全护理的配备比例不低于 1∶3。据民政部门统计，全国有 3250 万名老年人需要长期护理（这可能还是四年前的数据），由此推算，全国早就需要至少 1000 万名照护人员。而目前可以查到的统计数据显示，我国的照护人员只有 100 多万人，其中具有一定专业素质的人员才几十万人，而真正拿到国家医疗护理员证书的只有几万人。可见，照护人才队伍建设任重道远，更不要说关于照护师的资质认定、培训和继续教育领域，我国与发达国家的差距还非常大，在这方面日本做得非常好，他们的照护师几乎都是由高学历的专业人士组成的。

"爱护宁"是作者创立并领导的专业照护机构。根据我的理解和观察，"爱护宁"就是爱护您，他们已经在专业照护这条路上探索了很多年，他们提出的口号就是"怀大爱心做小事情"，他们探索的领域就是院中照护、院后照护和院前照护，试图走出"医养结合"的照护新模式。本书是作者结合宏观形势、亲身经历、国外经验，用"爱护宁"的微观探索，提出并探讨了许多有意义、有价值的问题。如果你想比较全面和深入地了解养老和照护，本书不失为一本有血有肉的好读物，正如"爱护宁"的品牌一样，这本书也充满了情感、专业和温馨。

> 在中国养老照护的巨流中，
> "爱护宁"是一叶醒目的方舟。
> 它早已启航，
> 正驶向星辰大海。

——中南财经政法大学客座教授、北京市地平线（深圳）律师事务所创始人 刘剑

荐序二

追求完美，守护忠诚——
写在《爱护宁》前面

　　我很荣幸成为朱荣芬博士这部新著的最早读者之一。读到这本书，我忽然想起了十多年前自己发表的一篇文章，那是一篇应约写的展望未来 10 年以后中国人生活的文章，题目已记不清了，只记得文章共写了三部分：绿色，我们未来生活的主色调；健康，我们未来生活的主旋律；有尊严，我们共同追求的价值观。其中的第三点，由于观点比较新颖，也曾引起某位领导的重视。但是多年来，怎样才能实现有尊严的生活？这个问题一直困扰着我，毕竟理想再美好，现实总是残酷的。

　　今天，读到了朱荣芬博士的这部新著，让我有种豁然开朗的感觉。所谓有尊严的生活并不仅是衣食住行富足优渥，行为举止得体雅致，在人前有面子，更多的应该是人与人（包括服务者和被服务者）之间的相互尊重。大家都生活在和谐的世界里，尊严也就在其中了。

　　中国已经进入老龄化社会，2 亿多老年人很可能增加到 3 亿甚至更多，行动不便甚至失能的老人越来越多。如何在给他们身体照护的同时，还能让他们获得精神的慰藉？本书作者以自己所管理的新生活公司的成功案例和对服务对象及其家属的深入调查，为我们梳理和展示了怎样体现老年人的生活尊严，并为我们指明了行动的方向。

读过之后，我感受到了这样的凡人微光。这种从新生活的理想出发，通过"怀大爱心做小事情"，在我们需要获得各种从身体到精神照护的时候，"刚刚好 你在"，让我深深地理解了"爱护宁"的核心内涵和它所倡导的核心价值观。这不正是我们这个时代所稀缺的因而也更加弥足珍贵的行动指南吗？

我甚至想，如果有一天，我老无所依，我的精神家园在哪里？也许我应该去新生活，去感受这份爱护宁所赋予的温馨。我也应该把自己的最后一抹光和热，通过实际行动留在这美好的人间！在获得应有的尊严的同时，也能够感受到夕阳无限好的诗意人生。

真希望读者诸君也能够似我这老骥伏枥一样，读过之后有一份付出或得到"爱护宁"的冲动，共同为夕阳人生追求完美，守护忠诚，让美好充满人间，我们就都拥有了这份珍贵的尊严。

——中国社会科学院教授，巴黎第九大学 Exe-DBA
特聘教授、博士生导师　张世贤

荐序三

爱护宁：应对"未富先老"

中国正面临"未富先老"的严峻挑战！"9073"养老战略——以居家养老为基础，以社区养老为依托——是一项非常明智的策略，因为这似乎是唯一能够应对中国庞大且不断增长的老年人口，同时应对劳动力资源急剧减少的有效方法。然而，关键在于如何以成本和资源高效的方式提供居家护理和服务。这需要始终关注护理的效果，目标是帮助老年人恢复更健康、更独立的生活，从而减少每位患者所需的护理时间，同时将治疗和护理的总成本降到最低。

要实现这一目标，关键要素包括：①以结果为导向的护理模式；②智能化的信息技术应用；③充满动力且训练有素的护理人员和服务人员。博组客（荷兰的全球最佳实践企业）提供了这样一种以结果为导向的护理模式，并已根据中国老年人及社区的需求进行本地化调整。此外，博组客中国开发了一套支持护理过程的 IT 解决方案，这套系统可以作为整合众多中国应用程序和 IT 解决方案的基础。

然而，最大的挑战仍然是上述三个关键要素的第三点：充满动力且训练有素的护理人员和服务人员。朱荣芬不仅是护理行业中非常成功的企业家，带领并培养了成千上万的护理人员，同时也是一位能够激励人们在护理职业中追求卓越的导师。在本书中，她深入研究了中国老年人及其家庭的具体情况、需求以及如何最佳地支持和照料他们。她考察了多个国外的护理模式，并基于这些洞察，为中国提出了一种全新的护理方式。这种方法既是对传统孝道养老模式的传承，同时也将护理水平提升到了新的高度：从陪伴到护理，从责任到热情，从对依赖的悲观到对生活的信心——一种充满同理心、忠诚、仁爱、温暖与爱的护理方式。

　　我强烈推荐朱荣芬的这本书，书中充满了对如何让中国老年人生活更加愉快、充实，以及如何让他们有尊严且尽可能独立地生活的深刻见解和具体建议。能够与朱荣芬女士合作，在日常工作中共同为中国老年人实现这一愿景而贡献力量，我们深感荣幸！

——博组客亚洲总裁、首席执行官兼创始人

Dr. Stephan Dyckerhoff

Care You: Addressing the Challenge of "Getting Old Before Getting Rich"

China is getting old before getting rich! The Elderly Care Strategy ("90:7:3"): "Home nursing as a basis, community care as support", which is a very smart strategy as it seems to be the only way to cope with the huge challenge in China of the ever-increasing number of elderly while facing at the same time a sharp decrease in labour resources. Yet, it is important that home nursing and care will be delivered in a cost and resource efficient way. This requires a continuous focus on care outcomes with the objective to help the elderly to become more healthy and more independent again so that less care hours per patient are needed while the total cost of cure and care will be minimized.

Key elements to make this happen are: (1) an outcome-driven care model, (2) a smart use of IT, and (3) motivated and well-trained nurses and care givers. The Dutch global best practice model "Buurtzorg" provides such an outcome-driven care model—meanwhile adapted to the needs of Chinese elderly and communities. Buurtzorg China also has developed an IT solution for the care process which can be the base for the integration the numerous Chinese Apps and IT solutions.

But the biggest challenge remains, the motivated and well-trained carers and nurses: Zhu Rongfen not only is a very successful entrepreneur in the care industry, employing and developing thousands of carers, but also a master of inspiring people to deliver excellence in care professions. In this book she studied the specific situation of the elderly and their families in China, their needs and how to best support and care for them. She studied multiple care models in foreign countries and based on those insights suggests a care approach for China which is the continuation of the traditional filial care model but bringing care onto a next level: From companionship to care, from duty to passion, from sadness about becoming dependent to confidence in life-care full of empathy, faithfulness, humanity, warmth and love.

I can highly recommend her book which is full of insights and concrete ideas how to make the life of the Chinese elderly again more pleasant, fulfilling and to allow them to live in dignity and maximum possible independence. We feel privileged to partner with Zhu Rong-feng to contribute in our day to day work that this will be achieved for the Chinese elderly!

—President, CEO and Founder of Buurtzorg Asia

Dr. Stephan Dyckerhoff

荐序四

爱和温暖，在灯火阑珊处

在悠悠的生命长河之中，我们大多数人都会走过两段无法避免的旅途。第一段是学着照护自己所爱的家人，第二段是接受自己所爱的家人的照护。我在开头的标题之所以用了"灯火阑珊处"，是因为我在家访许多长辈时，感受到长辈们得到照护支持力量的稀疏感。

多年以前，我在一本忘了名字的书上看到一段触动我内心的文字："孩子，当你还很小的时候，我花了很多很多的时间，教你慢慢地用汤匙，用筷子吃东西；教你穿衣服，绑鞋带，系扣子；教你洗脸，梳头；教你擤鼻涕，擦屁股……这些点点滴滴是多么令我怀念不已。现在，我经常忘了系扣子，绑鞋带，吃饭时老弄脏衣服，梳头时手还会不停地颤抖，请不要催促我，不要发脾气，请对我多一点耐心。孩子，你是否还记得，我们练了好几回才学会的第一首儿歌？是否还记得你一直追问，要我绞尽脑汁回答的许许多多为什么？如果我现在啰啰唆唆地重复着老掉牙的故事，或是说到一半想不起来，接不上话时，请给我一点时间，等我一下。如今，我的脚站也站不稳，走也走不动了。请你紧紧地握着我的手，陪着我，慢慢地向前走，就像当年我牵着你一样。我的孩子，只要有你在眼前，我的心头就会有很多温暖。"这段文字，它映照了年迈父母对子女情感的依托。为了让读者能体会照护过程施与受双方的情感，在这本书里也对被照护者的内心洞察有着深刻的描述。将病人们的害怕、孤独，到期盼、感恩和渴望作为起点，进而阐述照护工作中关于人与人之间、爱与陪伴的珍贵。书中朱董也从自己作为子女的角度，对走过的心路历程和亲身感受现身说法，对父亲病情的担忧，家人付出的感谢，病情改善后的欣慰，让读者也能感同身受作者的心情起伏，引起共鸣。除了被照护者的感受之外，本书中卢月思、周柳福、韦小红、黄姐、陆桂荣、卢柳芳、张姐、何嫦月、卜小英、潘秀山、陆丽芬、蒋颜秀，还有爱护宁—博组客的照护师们，用他们在一线照顾长辈的故事，呈现出照护师带给长辈相关的照护、陪伴和支持。这些故事让更多人了解照护师为家属们带来的温度和光明，并赢得了他们对照护师的信任和尊重。说到这里，让我不禁想起我个人的养老工作生涯，也是从尊重照护师的工作开始的。1997年9月，我去公司报到的前一天，公司要我直接前往一家养老院，有位护士同事会在那里等我。当我到了养老院，护士同事领着我到一整层都是重症失能的长辈们的床前，要我帮着8张床位的老人做失禁护理工作。年轻的我，看着骨瘦如柴的爷爷奶奶们，我想这应该不是一件很难的事，没想到我才换到第3张床，我的衣服已经被流下的汗水完全浸湿了。当我往下张床走去的时候，我的背部下方竟产生了锥心般的疼痛。因此，我没能完成后面几张床位的工作。那名瘦小的护士同事走过来，没几分钟就帮我完成了后续的工作。她和我说："今天主要是让你了解照护师每天工作中的风险，并尊重我们工作的不易。"也因为这件事，尔后在养老领域工作的多年中，看到媒体对护理员恶劣事迹口诛笔伐，我心中总有着隐隐的忧虑。发生如此事件，固然令人感到遗憾，但更令我担忧的是许多人对从事养老工作的人和机构留下了负面的刻板印象。相比之下，我更喜欢书中对照护师们在自己的工作上发光发热的讲述，就像文中的呼吁一样："让我们拿出信任与勇气去光明正大地做好事吧！不要吝啬自己的慷慨与大方，因为给予的越多，得到的也将越多。这不仅是信任与情感的法则，也是和平与幸福的真谛。"希望众多的照护师们能从中获得能量和鼓励。

说到爱护宁的长期照护策略，自然要先对国内未来养老的发展做深度的了解。中国的人口老龄化过程有着和其他国家不同的特点，即老年人口基数大，老龄化速度快，家庭结构改变带来照护力量的弱化，以及未富先老等，书中两个面向的分析，作为搭建爱护宁长期照护策略的基础。一方面是从其他发展养老政策的先行国家中汲取经验，包括从德国的整合性医养模式、英国的二元一体养老体系、日本的普惠型介护保险制度、美国的 PACE 养老模式等，并结合政府/保险和民众部分负担的费用结构、医养结合的医疗和社区居家分级体系、整合性护理服务模式等进行分析。国内目前推行的社区和居家养老政策，也或多或少汲取了以上国家的经验和智慧。另一方面，则是剖析国内政府的养老政策规划，例如，9073 格局、发展居家和社区作为主流的养老照护支持力量、长期护理保险制度的推行、高端养老市场和养老科技与服务相结合的探索，都为未来发展长期照护策略提供了重要的养分和依据。鉴于国内老龄人口基数大，老龄化速度快，对各项照护的需求多元化且强劲，以居家养老为基础、社区养老为依托、机构养老为补充的战略框架，持续发展高质量和合理成本的服务模式，已成为政府应对中国人口老龄化的主要方针。这意味着居家和社区养老在创新和服务质量提升方面有很大的增长空间。相对于其他已开发国家，国内的居家和社区养老仍处于早期探索和萌芽的阶段，因此不免有些待改善的地方，书中指出的床位供给需求错位、医疗卫生服务供给不足、医疗护理人次不足等问题，也意味着国内有巨大的成长空间。毋庸置疑，养老科技在未来扮演的角色，从健康管理、失能康复、风险管控等各方面都将促成更有效率地运用人力的人机照护模式，并给予重要的支撑。然而，我认为照护毕竟关系着人与人之间的温度，病人和照护者仍然是护理的核心。在护理模式的演化过程之中，成果导向、以人为本、更聪明创新的照护等各个元素，会在这个舞台上成为主角。爱护宁的长期照护策略中对未来服务的定位，例如，搭建生命全周期的照护、重塑一个低成本高质量的养老生态、推动以爱为名的社区，也对事业的价值观、服务的模式、场景和价值做了关键的阐述。说到价值观，书中有关特蕾莎修女的故事是我最喜欢的部分之一，特蕾莎修女选择了一种和大多数人不一样，且异常艰苦，却为社会带来巨大贡献的人生。她的慈悲为怀，先天下之忧而忧，以及毫不吝啬的分享和给予，充满了感染力，让人有了"有为者亦若是"的勇气，觉得自己充满了勇往直前的能量。为了让读者了解爱护宁的照护方式，书中也特地列举了阿尔茨海默病、临终关怀、脊柱外科病患的照护等，既专业也实用。

朱董在书中特别提到了和博组客的缘分，朱董和我在居家和社区养老的领域中有着共识，希望通过创新推动高效高质量，推崇成果导向的整合性护理。妙苓总第一次和我提起朱董想要到博组客进一步交流时，我以为她是《重塑组织》一书的"粉丝"，来参加对博组客的自主管理模式进一步探索的一个交流会。但在第一次和朱董见面的聊天中，可以感受到她对创新照护模式和帮助长辈独立自主生活使命的认同感，她热情地邀请我到南宁和新生活的伙伴做分享。那次的分享让我对新生活伙伴们专注学习的热情印象深刻，对博组客的照护哲学和工具也进行了有深度的问答。运用奥马哈和洋葱模型，对习惯临床护理的护士来说，是一大挑战。首先，护理的广度不再局限于生理领域，对长辈行为、心理等其他方面的健康问题需要具备高度的敏感性，并循线找到它们之间的连贯性，按图索骥地制定护理方案。其次，照护的焦点不单单是长辈一人，其家人、邻居、朋友和社区的照护网络搭建，以及照护的深度，从现有的问题到潜在的风险以及可以促进健康的机会，需一并考虑进来。再次，在评估健康问题的同时，要能判断问题本身是出在认知程度（不知道疾病的风险和治疗方式），还是行为（知道但做不到该治疗方式），抑或是状态（每次干预后的变化和改进的原因分析）。最后，和长辈以及家属的沟通和协作方式也与在医院不同。在医院时，医护人员告知和宣教病人相关的干预方式，而病人则单方面地接受。在居家时，护士须引导长辈理解并逐步接受对其有益的干预方式，做出相对的行为改变。书中收录了一位博组客在整合型护理的心路历程，也正反映了那种"见山是山，见山不是山，见山又是山"的迷惑和纠结。朱董知道我对护士们在运用博组客整合型模式过程中，在一线练习和反思的坚持。因为整合型护理之道贵在实践和系统化的思考，而再多的课堂培训和教练示范，若没有亲自在居家和社区的场景去体验和反思，就无法领悟为长辈设身处地提炼出来的解决方法。就如同一个说得头头是道却从未执刀的外科医生，是不能成为一位令人尊敬的医师的。整合型护理的摸索过程虽多碰撞，但终点也是果实累累，是一段不虚此行的木人巷锻炼。

最后，谨祝每一位在养老服务路上精进的同志，能从经验中汲取智慧，以创新的思维创造更好的价值，用关怀的心去拥抱需要我们照护的生命。每一位身体力行的照护师，都能为社会和许多家庭带来福气。

——博组客中国区总经理　黄家悌

荐序五

养老照护对日本的启示

广西新生活医养健康服务股份有限公司董事长朱荣芬博士的著作《爱护宁——从我在行业中 22 年的探索看照护的未来》是一部深入探索养老照护领域的一部著作。作为一位在养老行业深耕 22 年的从业、管理者，朱博士将其丰富的实践经验和对行业发展的深刻理解融入书中，通过真实的案例、独到的见解，以及对未来趋势的剖析，揭示了养老行业的现状和挑战，同时也提出了养老照护未来发展的可能方向。

由 5 部分 19 章而组成的朱荣芬博士的著作，包含了一些对日本养老行业具有参考价值的观点和建议。以下几点对日本的养老行业大有启示和帮助。

1. 强化以人为本的照护

朱荣芬博士所强调的"以人为本的照护"，在日本的养老现状中也变得越来越重要。目前，日本在追求效率化和技术创新的同时，也需要关注每位使用者的心理关怀和共情。朱博士的思维、方法让人们重新认识到，技术虽然是辅助工具，但提供服务时应以老年人的情感和需求为核心。

2. 人才培养与员工关怀

日本在养老行业职员的培养和身心健康关怀方面也亟须加强。养老从业者的低薪、离职率高是日本面临的难题，因此，完善教育和职业发展路径，以及为职员营造良好的工作环境显得尤为重要。朱博士的经验和建议对于构建一个能够长期工作并提供高质量服务的环境具有很大参考价值。

3. 技术引入的巧妙平衡

引入 AI、物联网等新技术可以提升养老服务的效率，但同时也要关注老年人的接受度。朱博士认为，不能仅仅引入新技术，而是应确保老年人能够轻松、安心地使用。日本养老服务中的技术应用不断进步，因此"对人友好的技术引入"理念有助于养老行业数字化进程的顺利推进。

4. 促进地区合作与社区整体照护

朱博士倡导的由整个社区来支持老年人的机制，与日本的地区综合照护系统不谋而合，尤其对都市中推进区域合作具有参考价值。书中所提到的照护方式，与强调社区、家庭联系的"地区综合照护"理念相通。通过帮助老年人在社区中保持社会联系，防止孤立，这一理念对日本的养老行业也十分有益。

5. 强化政策支持

中国养老行业中的政策支持案例同样可供日本养老政策借鉴。具体来说，养老设施的扩充、家庭养老支援的制度性支持等国家层面的措施，是推动养老行业发展的重要力量。面对日益严重的少子老龄化，日本也需要加大国家和地方的支持力度，这样的政策支持对于提升养老服务的质量和普及具有促进作用。

朱荣芬博士的著作在技术与人性化的平衡、职员培养、社区整体照护等方面，为日本的养老行业从学术、实践上提供了许多有益的启示。

总体来说，这本书对养老照护行业的从业者、研究者以及对养老问题感兴趣的读者都具有重要的参考价值。

——经济学博士、博士生导师、
樱美林大学名誉教授（经营学研究生院首任院长）、
日本 System Integration 专门委员、
日本经营行为研究学会常务理事、国际商务学会顾问
金山権（KANEYAMA KEN）

養老介護が日本に与える啓発

　中国広西新生活医養健康服務株式会社社長朱栄芬博士の著書『愛護寧——私の業界 22 年の探求から見る介護の未来』は、介護分野における豊富な経験と深い洞察をもとに、現場の実情や将来の展望を探る一冊である。著者は22 年間にわたる介護業界での実務経験を通して、現場での実例や具体的な取り組み、介護業界が直面する課題について詳しく述べている。また、現代の課題を踏まえた上で、これからの介護のあるべき姿についても考察を深めている。

　5 部 19 章で構成されている朱栄芬氏の『愛護寧——私の業界 22 年の探求から見る介護の未来』には、日本の介護業界にも参考になる視点や提言がいくつか含まれている。

　以下のような諸点が、日本の介護に役立つと考えられる。

　1. 朱栄芬氏が強調する「人間性を重視したケア」

　ここでは、日本の介護現場でもますます必要とされている。現在、日本では効率化と技術革新が進む一方で、利用者一人ひとりの心のケアや共感に基づいたサポートが必要である。朱氏のアプローチは、技術を補助的なツールとしながらも、高齢者の感情やニーズを中心に据えたサービスを提供することの重要性を再認識させている。

2. 人材育成と職員のケア

朱氏の経験から、日本でも介護職員の育成とその心身の
ケアの重要性が再認識されている。介護職員の低賃金、離職
率の高さが日本の課題であるため、教育やキャリアパスの確
立、さらには職員の働きやすい環境作りが重要である。朱氏
の経験とアドバイスは、職員が長く働きやすく、質の高いケ
アを提供できる体制作りに良い参考になる。

3. 新技術導入の工夫とバランス

AIやIoTなどの新しいテクノロジーの導入は、介護現場の
効率を高める一方で、高齢者の受入れやすさにも配慮が求め
られている。朱氏の視点では、単に技術を投入するだけでな
く、高齢者が使いやすく安心できる方法で導入することが必
要とされている。日本でもテクノロジーの導入が進んでいる
ため、こうした「人に優しい技術導入」の考え方が、より円
滑な介護現場のデジタル化に貢献すると考えられる。

4. 地域連携と地域包括ケアの推進

著書の中で語られるケアの在り方は、地域社会や家庭と
のつながりを活かす「地域包括ケア」の考え方とも通じるも
のである。朱氏が提唱する、地域全体で高齢者を支える仕組
みは、日本の地域包括ケアシステムと一致し、特に都市部で
は取り組みが難しい地域連携の強化において参考になる。地
域の中で、高齢者が孤立せず社会とつながりを持つための支

援を考えるうえで有益である。

5. 政策面でのサポート強化

　中国の介護業界における政策支援の事例も、日本の介護政策の参考になる。具体的には、介護施設の拡充、家庭介護支援の制度的なバックアップなど、国家的な取り組みが推進力になっている点である。少子高齢化が進む日本でも、国や自治体による支援の充実が不可欠であり、こうした政策面でのサポートは介護サービスの質と普及を促進するうえで参考になる。

　朱栄芬氏の著書は、日本の介護分野において、技術と人間性の調和や、現場職員の育成、地域全体で支える仕組み作りといった面で学術と実務の両面から多くの示唆を提供している真に興味深く参考価値が高い著書である。

　　　　　　　　　　　——経済学博士、博士指導教授、
　　　　桜美林大学名誉教授（初代経営学大学院責任者）、
　　　　　　日本システムインテグレーション専門委員、
　　　　　　　　　日本経営行動研究学会常任理事、
　　　　　　　　　　国際ビジネス学会顧問など
　　　　　　　　　　金山権（KANEYAMA KEN）

自序

忠诚，是一种历程

忠诚是什么？它是目标专一的持续历程。

在这个纷繁复杂的世界里，每个人都是追梦人，我们带着对未来的憧憬，勇敢地踏上旅程。每一步都充满未知，每一次选择都可能改写命运。面对诸多诱惑和挑战，我们需清醒地认识到："虽然凡事都可行，但不都有益处；凡事都可行，但不都造就人，但不都善意。"

人生路上，岔路口众多，每个选择都如同岔路口上的路标，指引我们走向不同的方向。有时，我们或许会在茫茫人海中迷失方向，忘记初衷，但正如著名作家尤金·毕德生（Eugene Peterson）所说："人总是没有耐性等候最终的成果。人们过着像观光客般的生活，只想抓住最有乐趣的片刻。"

时代在变，观念在更新，但内心深处那份对忠诚的坚守不应改变。只有当我们真心愿意，并持之以恒地去做某件事时，才能最终抵达心中的彼岸。待到年华老去，回望来路，愿我们都能自豪地说："我坚守了信念，无愧于心。"

创业 20 多年，一转眼已走过半生。从 2018 年出版的第一本书《服务型企业文化建构中情感要素的绩效价值研究：以新生活公司为例》，到 2023 年的《刚刚好 你在》，再到如今的《爱护宁——从我在行业中 22 年的探索看照护的未来》，每一个字、每一个故事都承载着我们的初心和信仰。特蕾莎修女"活着就是为了爱""怀大爱心做小事情"的精神一直激励着我和我的团队，让我们始终坚守初心，忠诚于我们的信仰。

从"新生活"到"刚刚好"再到"爱护宁"，22 年的时光见证了我们的成长和变迁，在企业走向成长发展阶段的同时，我们也来到了爱护宁时代。现阶段我国社会的主要矛盾是人民日益增长的美好生活需求和不平衡不充分的发展之间的矛盾，特别是随着老龄化社会的到来以及当代中青年所面临的激烈竞争和奋斗内卷的现状，在促使社会高质量发展的同时，也唤醒着人们对生活品质的追求。在这个快速发展的年代，作为一家有着 20 多年照护服务经验的企业，我们深知身上所肩负的社会责任。因此，走在行业前端的我们，更需要快速成长起来，为社会贡献更多的力量。

《爱护宁》这本书，是我们团队 20 年如一日坚持床边医疗照护的真实写照。它不仅记录了我们的付出与收获，更串联起了院前、院中、院后发生的那些闪耀着人性光辉的感人瞬间——那些激励着我们不断前行的一封封感谢信、一面面锦旗、一张张充满感激的笑脸、一颗颗善良的心。我们希望通过这本书，让每一个读者都能感受到爱与陪伴的温暖，让家人、朋友、老人和病友们都能从中找到力量与勇气。同时，我们也希望这本书能够吸引更多的人关注医疗照护行业，为失老病患带来更多的希望和尊严，共同为社会的和谐与进步贡献一份力量。

　　《爱护宁》这本书也是我们对养老和照护行业的深刻反思与重新解构。我们面临什么？我们做了什么？我们面临的别人面临过吗？我们做的别人做过吗？到底什么是符合中国国情的养老照护之路？到底怎样做才能更好？养老和照护永远是人类共同面对的一个课题，也是对人类社会的一场考验，无人能够置身事外。每一个人终将步入老年，每一个人都会成为被照护的对象。对于这个行业，人们可以采取多种方式参与，包括关注、捐助、志愿服务等，甚至选择从业。而我选择以忠诚，并将这个决定贯彻于我的整个职业历程当中。由此，我从多个角度出发，阐述了我对养老和照护行业的观察、感悟及抉择。

　　"怀大爱心做小事情""爱与陪伴，照护无忧""您需要我就在"是我们的坚守，更是我们的信仰。新生活是一家企业，是一家把"生意"变成让生活变得更加有意义的企业；爱护宁则是一个品牌，是一个忠诚善意、追求意义的品牌。新生活、刚刚好、爱护宁，让我们一起追梦未来，向阳而生！

目　录

第一部分

照护关乎人的尊严

第一章

什么是支撑老龄患者的主要价值

面对那些真挚的心声与告白，我们要有勇气去揭开眼前这些苦难的面纱。

恐惧

"自从去年生病开始，我心情一落千丈。想起曾经那么优雅的自己，一时间无法接受，脾气变得暴躁，老伴怎么逗我都开心不起来。想见朋友，但又不想让朋友知道自己的病情，害怕听到朋友异样的声音，也害怕久病无孝子，想过安乐死。"

——89 岁，患骨质疏松症，不能自行行动的高奶奶

"病患最害怕的可能是死亡和疾病的恶化。肺癌晚期可能引起身体上的剧痛，面对绝症和可能临近的死亡，我感到心理上的恐惧和不安，我这样的孤身老人可能会更加担心无人照顾，最后孤独离世。"

——70 岁，肺癌晚期的孤寡老人梁叔叔

"我生病的时间长，整个人也很消沉，家里人也不怎么管我，我只有靠自己了。想要被关心，又害怕被关心，我又能为家人做些什么呢？我能理解家人的态度，毕竟我成了拖后腿的，现在我反而觉得陌生人好，起码不用应对他们。"

——72 岁，患尿毒症的黎先生

"怕自己在医院里不能自理，没有人给自己送饭、买饭，解

决不了吃喝拉撒的问题，怕自己的家人不管自己。心里难受不舒服时，很希望有人问候和开导、聊聊心事，希望住院期间多点关照和问候。想对家人说：想放弃治疗。身体差，营养跟不上，没有得到家人的关心和爱护。"

——59 岁，肺癌晚期没有子女的罗女士

"自从生病以来，每个月都要来医院透析，几乎花光了家里的钱，害怕没有钱治病，怕家里人放弃自己。不想拖累家人，但还是很想能活在这世上。"

——64 岁，子女不在身边的肾病患者周女士

渴望

"自从去年患脑梗开始，我觉得很痛苦，行动不怎么方便，三个儿子都忙着工作，我以为他们都不理我了。我普通话说不好，虽然能自理，但当医生给我上心监护时，交代不能下床，小便、大便更不方便，感觉自己拖累了小孩，有时都想不治算了。感觉自己没有人要，患了人类所体验到的最糟糕的一种疾病。孤独也是一种饥饿，是期待温暖的饥饿。"

——73 岁，患脑梗的庞女士

"自从摔倒骨盆骨折后，儿女为了生活无法照料我，只能送我到社会福利医院，这里环境虽小但还算干净整洁，但相比还是更喜欢我家的小花园。可是儿女不放心我一个人在家，导致无法满足我对生活的向往。不过我也担心给他们带来经济压力，无法承受后放弃我，所以只能尊重儿女们的决定。来到福利医院，陪护阿姨乐观工作、尽心尽责的态度让我感到有了家的温暖。所以，我想对儿女们说，爸爸在这里过得很好，你们不用担心，希望你们能抽空多来看看我，偶尔让我知道你们的生活状况就知足了。"

——89 岁，子女不在身边，因骨盆骨折入住福利医院的陈先生

"孩子工作忙，没有时间照顾我，只能请陪护，我想把病彻

底看好了再回家。希望孩子能尊重我的想法，有空多来看望。"

——57 岁，手术后的李女士

"还在重症室待着的时候，我就醒了，里面护工不讲话翻来翻去换床单和擦洗让我觉得好没尊严。后来住到病房，他们跟我打招呼鼓励我，我一下就觉得好多了。希望护工是接受过专业培训的、有证的、有爱心的、耐心的、细心的。"

——47 岁，开颅手术患者陈先生

"愿每天醒来都充满希望和力量，每前行一步都离康复近一点，让爱与关怀伴我度过这段难熬的日子。"

——68 岁，癌症晚期患者李先生

感　恩

"我不害怕癌症夺走我的生命，我担忧的是长期的治疗给孩子们带来负担。他们虽然不能时时在医院陪着我，但他们都努力赚钱给我治病。很感谢孩子们没有放弃我，倒是我自己化疗时感觉坚持不住，但每次孩子们和陪护员的鼓励，都让我倍感幸福。"

——78 岁，肺癌晚期患者黄奶奶

"虽然生病是一件痛苦的事情，但这次住院我收获了很多感动与温暖，医护人员以及护工用真诚的态度和专业技能治愈了我的身体，抚慰了我的心灵。现在我已经康复出院，谢谢你们给我第二次生命。"

——72 岁，没有家人照顾患脑梗的罗爷爷

"自从生病后，很害怕给家人增添负担，非常感谢我孝顺的小女儿，自己生活负担已经很重了，依旧不放弃对我的照顾，让我心里有了些许慰藉。在这里生活条件也算好，一日三餐有人顾，生活不便有人扶，陪护阿姨的耐心爱心、有趣的语言，给我日常的生活增添了不少的色彩，每天能像在家一样开心快乐；工作人员每日的关心问候也让我心里有了家的温暖。在此我想对我的女儿说，照顾好自己的身体，我在这里过得很好，有空的时候多来

看看我，偶尔跟我谈谈家里的事让我知道家里很好就行了。"

——83 岁，子女无暇顾及的心脏病患者李阿姨

"我患了一种疾病，是让每个人都恐惧的病，患病之后，我遭受着身边朋友的歧视和偏见，甚至亲人也议论我作风不检点。其实，我只是个普通的艾滋病患者，于是我陷入巨大的痛苦中，直到我认识了护士和陪护员，她们愿意拥抱我、触碰我，给我自信，让我能勇敢地面对一切……"

——35 岁，艾滋病患者蓝先生

一颗纯洁的心，让我们看见慈悲

一颗纯洁的心，

很容易看到基督，

在饥饿的人中，在赤身露体的人中，

在无家可归的人中，在寂寞的人中，

在没有人要的人中，在没有人爱的人中，

在躺在街上的乞丐中。

我们必须在爱之中成长，

为此我们必须不停地去爱，

去给予，直到成伤。

——特蕾莎修女

恐惧、渴望、感恩……这些情感贯穿于我们的一生，尤其当疾病来袭时，它们更显真切，因为那时的我们显得尤为脆弱。所以，面对大病重疾时，个体和家庭往往会被迅速推入绝望的深渊，患者的恐惧与不安也会如影随形，他们不仅担忧病情恶化，更忧虑未来生活的质量与方向。尤其是那些疾病晚期或绝症患者，更是身心俱疲，既要承受身体的剧痛，又要面对心理的巨大压力，害怕孤独离世，失去自理能力。

在这样的困境中，患者往往质疑自我价值，觉得自己成了家人的负担，陷入深深的消沉，甚至萌生放弃治疗的念头。然而，在这恐惧与孤独的背后，是对爱与关怀的深切渴望。他们渴望被理解、被支持、被关爱，希望有人能倾听他们的心声，感受他们的痛苦，给予温暖与鼓励，重燃生活的勇气与希望。

除此以外，患者在经历疾病的洗礼后，心中也会流露出深刻的感恩之情。他们感谢家人的不离不弃，这份陪伴如同最坚实的后盾，给予他们战胜疾病的勇气与力量；他们感激医护人员的专业与关怀，是他们的努力与付出，让患者得以恢复健康或减轻痛苦，重燃生命的火花；他们还感恩那些在困境中伸出援手的人们，这份来自社会的关爱与支持，让他们感受到人间的温暖与善良。

疾病让患者更加珍惜生命，学会以积极、乐观的态度去面对生活的挑战与困难。他们深知，生命的脆弱与坚韧并存，无法预知未来，但可以选择以何种心态去面对。因此，他们将感恩之心化作战胜恐惧、迎接挑战的力量，勇敢地前行。

作为 22 年的医疗照护人，我深受特蕾莎修女大爱精神的影响，坚守初心，忠诚于患者和长辈的照护事业。在成百上千的案例与故事中，我们看到了被特蕾莎修女感召的力量。

一颗纯洁的心，

让我们看到了慈悲，

在病床上、病房里、家庭中，

被病痛折磨的人中，

孤独忍受的人中，

生命垂危的人中，

身患绝症即将离世的人中，

年迈失智、失能的人中。

我们必须在爱之中成长，

为此我们必须不停地去爱，

去给予，去弘扬，

让更多人关注、关爱社会的弱者，

让他们同样享受尊严、温暖和爱。

是时候成为一名新现实主义者了

在字里行间细细品味那些真挚的心声与告白，我逐渐揭开了苦难深层的面纱。在人生的旅途中，我们不仅需要物质上的滋养，更渴望心灵上的抚慰与关怀。遗憾的是，正是这份爱的缺失，使许多人的心灵深处充满了难以言喻的苦楚。也许我们并不为生计所困，但当我们静下心来审视自己的生活时，便会发现，就连家人之间，一个温暖的微笑也变得如此奢侈。

这，或许正是爱与陪伴的价值所在。它们如同温暖的阳光，无论源自照护师的关怀，还是亲人、朋友的陪伴，都能驱散我们内心的阴霾。

回想起那些病榻上的身影，他们的话语中透露出最深的恐惧——孤独与被遗忘。他们害怕被社会遗忘，更害怕高昂的医疗费和生活负担成为压垮他们的最后一根稻草。随着独立与自理能力的逐渐丧失，他们感受到了前所未有的绝望与无助。而面对生命的有限与可能的分离，他们则产生了恐惧、不舍、眷恋等复杂交织的心理。

在这样艰难的时刻，他们渴望得到的是情感的慰藉与支持。他们希望有人能倾听他们的心声，理解他们的感受，给予他们温暖与安慰。同时，专业的医疗护理与及时的诊断治疗也是他们生存的希望所在。在日常生活中，协助他们完成饮食、洗漱、穿衣等琐事便是莫大的帮助，而社交互动更是他们缓解孤独、强大内心的重要途径。

他们心中有着千言万语想对亲人诉说，却又因为种种原因难以启齿。对父母，他们想表达感激、歉意与思念；对爱人，他们想倾诉爱意与感激，或是对过去的遗憾释怀；对子女，他们则充满了关心与忧虑，希望他们能幸福快乐地成长。

在这个充满挑战与困境的世界里，我们不仅要勇敢地面对现实，更要坚守内心的信念与善良。只有这样，我们才能在这个复杂多变的世界中找到自己的定位与价值，实现人生的真正意义。

现在，我更加坚信，给予比索取更能让人感受到幸福与满足。当我们用爱心去温暖他人时，那份由内而外的喜悦与满足是无法用言语来表达的。所以，让我们拿出信心与勇气去光明正大地做好事吧！不要吝啬自己的慷慨与大方，因为给予的越多，得到的也将越多。这不仅是信任与情感的法则，也是和平与幸福的真谛。

是时候成为一名新现实主义者了！是时候对人类形成一个全新的认识了！因为照护不仅关乎人的尊严与幸福，更是我们内心深处最朴素的信念与追求。

第二章

从『养儿防老』到『社会养老』

"养儿防老"这一古老而质朴的观念，正经历着前所未有的变革与挑战。

时代逼迫观念变迁

在贾樟柯那深邃的笔触下，离开故乡是为了看世界，看了世界后才能更好地理解自己的故乡。这不仅是对故乡的眷恋，更是对生命旅途的一次深刻领悟。为什么我们穿过了世界，却仍想回家？因为在这里，我们的眼睛、心灵与双足，都有归处。

然而，时代的车轮滚滚向前，不经意间，"养儿防老"这一古老而质朴的观念，正经历着前所未有的变革与挑战。岁月悠悠，我们恍然发现，那些曾被视为生命之舟的儿女，如今已如羽翼渐丰的雄鹰，翱翔于追求梦想的天空之中，难以时刻守护在侧。这不禁让人深思：当我们步入晚年，何处才是心灵的归宿？

"子女看望的时间少，一个星期来一次，有的时候不来，希望他们能多来看望我。"

——81 岁，李叔叔

"十几年来，我拖累老伴这么久，我想死了一了百了，可如果真那么做了，我老伴一个人怎么办？虽然已经病成这样了，已成累赘，但我依然对未来抱有期待。人啊，得往开处想，不然能怎么办？"

——73 岁，赖叔叔

"这种身体上和精神上的双重折磨不可能被健康的人感同身受，我希望有家人关心，希望有家人陪伴。"

——68 岁，杨阿姨

"生病三年以来，每天窝在几平方米的房间，无法看到烈日和美景，害怕儿女抛弃，不关心不问候，我希望我的孩子多关心我们在院的生活状态，听听我们生活的声音。"

——77 岁，马叔叔

在华夏文明中，"养儿防老"这一传统观念深深根植于中华儿女的内心，它不仅是家庭责任的体现，更是社会结构下一种朴素的生存智慧。然而，随着社会经济的快速发展、家庭结构的转变以及老龄化社会的到来，这一观念正逐渐淡化，取而代之的是更加多元化、专业化的"养老"模式。这一变迁，不仅是个人生活方式的调整，更是社会文明进步的缩影。

"养儿防老"，顾名思义，意为养育儿女是为了防备年老，亦泛指养育子女以防老年无依靠。这一观念的背后，蕴含着中国深厚的家庭伦理和亲情纽带，体现了人类社会早期的互助精神。然而，随着时代的变迁，其局限性也日益显现。现代社会的快节奏生活和高度竞争，使子女们往往面临巨大的工作和生活压力，难以全面承担起照顾老人的责任。同时，人口流动性的增加也削弱了传统家庭结构的稳定性，使"养儿防老"变得越发不切实际。

在这样的时代背景下，养老观念开始发生深刻变化。人们逐渐认识到，养老不仅是家庭的责任，更是全社会的共同责任。随着社会保障体系的不断完善，养老保险、医疗保险、长护险、养老院等社会养老服务模式逐渐兴起，为老年人提供了更多的选择。同时，随着老年教育的普及和老年文化的繁荣，老年人也开始追求更加独立、自主、有尊严的晚年生活。他们不再仅仅依赖子女的照顾，而是积极参与社会活动，实现自我价值。

面对老龄化社会带来的挑战，各国都在积极探索多元化的养老模式。从社区养老到居家养老，从智慧养老到医养结合，各种新型养老模式层出不穷。这些模式不仅满足了老年人多样化的养老需求，也有效缓解了家庭和社会的养老压力。例如，智慧养老通过运用互联网、物联网等现代信息技术，为老年人提供更加便捷、高效的养老服务；医养结合则通过整合医疗和养老资源，实现老年人医疗和养老的无缝对接。

从"养儿防老"到"养老"这一观念的变迁，让我深刻感受到时代的发展和社会的进步。它启示我们，要勇于打破传统观念的束缚，以更加开放、包容的心态去迎接未来的挑战；同时，也提醒我们，要关注老年人的生活质量和幸福感受，努力构建一个更加和谐、友善的养老环境。在这个过程中，我们每个人都是参与者和受益者。

相信通过全社会的共同努力，我们可以让每一位老年人都能享受到有尊严、有质量的晚年生活。

爱仍然源自家庭

谈及人生之疾，莫过于那种被遗弃、无人问津的孤寂感，那是直击灵魂的深切苦楚。孤独，这个时代的隐痛，时刻提醒我们，爱与陪伴才是生命中最珍贵的宝藏。

特蕾莎修女曾言："爱源自家庭。"

在现代社会的快节奏中，人们常迷失于名利追逐，忽略了家庭中细腻真挚的情感交流，这也导致了家庭的温馨逐渐消散。然而，正是那些看似平凡却充满爱的家庭，用行动诠释了幸福的真谛——心灵的相依远胜于物质的丰饶。

作为一名远离家乡、在外生活多年的女儿，我常在夜深人静时，被对家的深切思念淹没。我渴望常伴父母左右，期待着接他们来我身边小住，或是定期归家探望，共享天伦之乐。然而，母亲的一通电话打破了这份平静。去年夏天的一个傍晚，母亲声音微颤地告诉我："荣芬，你爸爸脑出血住院了。"那一刻，我的心如遭重击，担忧与焦虑涌上心头。

我迅速与弟弟联系，安排将父亲送往重庆大坪医院进行手术。术后，父亲虚弱地躺在病床上，全身插满管线，脸色苍白。但即便如此，他仍努力挤出一丝微笑，仿佛我的存在就是他最大的力量。那一刻，我深刻感受到亲情的伟大与温暖，坚定了陪伴他渡过难关的决心。

孝顺的弟弟一直守候在父亲身旁，坚定地为父亲寻求最佳治疗，给予无微不至的陪伴。我们无须多言，对父亲深沉的爱在无声中传递。为了多陪伴父亲，我频繁往返于广西与重庆之间。每当得知我将归来，父亲便充满期待，迫切希望早日康复。这份强烈的求生欲望，正是爱的力量。

然而，我深感愧疚，因现实的距离与生活的忙碌，给予父亲的陪伴远不及他所期盼，这便是生活的无奈与真实写照。幸而有弟弟与母亲的陪伴，让父亲在爱与关怀中坚强前行。从来没进过医院的父亲，这一病就在医院度过了差不多一年的时间。这段日子里，我目睹了父亲与病魔抗争的坚韧与勇气，感受到了他在病床上的无助与不便，那份不体面的背后，是对生命的向往。每一次手术和治疗，每一次检查，他都咬牙坚持，从不轻言放弃。

为了加快父亲康复的步伐，我们定期邀请照护与康复专家上门，为他量身定制治疗方案。父亲以惊人的毅力和乐观态度，积极配合，每一步前行都尤为不易。为了让父亲尽快恢复记忆，我们一起回忆往事，家庭琐事或生活趣事都能让他展露笑颜。幸运的是，我们拥有充满爱心与专业技能的护理团队，他们竭尽所能为父亲营造舒适的康复环境。在无法亲自陪伴的时刻，医疗护理员传递的视频成为我的精神支柱，父亲的每一点进步都让我深感欣慰。

终于，在去年春节，父亲在医生的专业治疗、医疗护理员的悉心照护和家人的温暖陪伴下，身体逐渐恢复生机。当他换上回家的衣裳，由我和弟弟搀扶着迈出病房的那一刻，眼中闪烁着对重生的感动。那一刻，我深刻领悟到，家人之间的爱与陪伴，是任何医疗手段都无法替代的宝贵财富。

如今，父亲稳步恢复，生活重回正轨。这段经历加深了我对家庭价值的认识，也让我坚信，只要心中有爱，有家人的陪伴与支持，无论前路多么坎坷，我们都能携手跨越。

在父母的心中，对子女的期许往往简单而纯粹，那便是能有更多时光与他们相依相伴。同样，我们年幼时从父母那里得到的关爱与陪伴，也会在我们长大成人后延续传递。家人的无条件关爱与支持，足以让我们在面对生活挑战时更加坚韧不拔，展现出自信与勇敢的姿态。

所以，日子很难周全，陪伴才是最深情的告白，温柔当下即好！

第三章

从『陪伴』到『照护』

从"陪伴"到"照护"，是一场关于心灵守护与专业照顾并行的必然旅程。

——在生命的旅途中，总会有那么一些人，一些事，让我们感受到世界的美好与温暖。

我叫吕河兴，一个正在与尿毒症抗争的普通患者。在柳铁中心医院，有一个我异常熟悉的地方——血透室。这里，是我的"第二个家"，也是我与命运较量的战场。每周固定的日子，我都会踏入这片既熟悉又略带紧张的空间，但我的心境早已从最初的恐惧与无助，转变为如今的坦然与感激。

刚开始时，我的心里满是恐惧和不安，每次治疗都像是经历了一场艰难的战役，身体疲惫不堪，心灵也备受煎熬。但随着时间的推移，我逐渐发现，这个"家"里有一群特别的人——卢月思、周柳福和韦小红三位护工阿姨，她们用自己的方式温暖了我的心。

卢月思阿姨，总是那么早地来到病房，为我准备好一切。她的笑容，简单而真诚，就像家人一样亲切。每天的问候都是那么温暖人心，让我感到自己并不孤单。

周柳福阿姨，是我的"拐杖"，她那双有力的手总能给我最坚实的支撑。每次去血透室，她都会陪在我身边，一步一步，稳稳地走着。她的话语不多，但每一句都充满了鼓励和力量，让我有了坚持下去的勇气。

韦小红阿姨，则是那个总能用笑声驱散阴霾的人。我们拉家常，谈人生，她的乐观与坚强激励着我勇敢面对生活的挑战，学会在苦难中寻找乐趣，让原本沉重的治疗过程充满了欢声笑语。

　　在这三位阿姨的陪伴下，我渐渐适应了血透的生活，开始学会在病痛中寻找希望，在挑战中保持坚强。她们不仅给予了我身体上的治疗，更重要的是，她们用爱治愈了我受伤的心灵，让我懂得了生命的意义在于不屈不挠，在于珍惜每一份温暖与关怀。

　　血透室，这个曾经让我害怕的地方，如今却成了我心中最温暖的存在。这些爱与希望的光芒，如同暗夜微星，虽然微弱，却能照亮我勇敢前行的道路。

——在这个疾速前行的全球化时代，每个人都在奋力追梦，而内心深处那份对家的深情牵挂，却如同静水深流，悄然滋养着我们的灵魂。

我叫莉莉，一个在美国奋斗多年的海外游子。每当夜深人静，我的心便会被一种难以言喻的思念紧紧缠绕，那是对远在国内年迈双亲的深深挂念。

我的母亲，那个曾经用无尽的爱温暖着家庭每一个角落的温柔女性，如今却遭受着阿尔茨海默病的无情侵袭。她的记忆与理智正一点点消逝，取而代之的是陌生与无助，以及不时爆发的情绪风暴。父亲虽然年迈但坚韧，可面对母亲的病情，他也显得力不从心，家庭的天平似乎随时可能倾斜。

我无数次想要立刻飞回母亲身边，但现实的束缚让我只能遥遥望着故乡的方向，内心充满了焦虑与无力感，保姆的频繁更换更是加剧了我对未来生活的不确定感与无助。就在我即将被这份沉重的负担所压垮之际，我寻找到了我的好友朱朱，她随后向我引荐了她公司的一位专业的居家照护师——黄姐。

黄姐的到来，为我的家庭带来了转机。她首先与我进行了深入的沟通，详细了解了我母亲的病情、生活习惯以及家庭的具体情况。那一刻，我感受到了前所未有的安心与信任。

在照护过程中，黄姐的专业素养让我深深折服。她根据母亲的病情特点，制定了一套个性化的照护方案，从日常护理到饮食管理，再到情绪安抚，每一个细节都考虑得周到而细致。

她耐心地教父亲如何协助进行简单的照护工作，同时也鼓励我通过视频电话等方式与母亲保持联系，以减轻我的心理负担。

但最让我感动的是，黄姐成了我和母亲之间情感沟通的桥梁。她深知我对母亲的思念，便经常将母亲的近况、小趣事以及她与母亲相处的温馨瞬间通过视频或电话分享给我。那些点点滴滴的分享，让我仿佛穿越千山万水，回到了母亲的身边，感受到了那份久违的温暖。

在黄姐的精心照料下，母亲的状况逐渐稳定下来，那些曾经令人揪心的场景逐渐被宁静与和谐所取代。同时，她也用自己的行动和态度，逐渐改变了父亲对阿尔茨海默病患者的偏见与误解，让他学会了如何更好地理解和支持母亲。她为这个家庭注入的希望之光，在一定程度上缓解了我对家人的深切思念与未尽之责所带来的内心愧疚。

我想我的故事应该能够触动每一个海外游子的心弦，无论身处何方，对家的牵挂与责任都是永恒不变的。幸运的是，有像黄姐这样的照护师，能够为患者及家人带来最坚实的依靠与希望。

——即使在最黑暗的时刻，只要有人愿意伸出援手，那么生命就一定能够重新焕发生机。

我是钟丽元，家住南宁市武鸣区，和爱人潘诚育有一子，今年刚上小学。在武鸣中医医院重症医学科，我亲身经历了一个关于生命、责任与爱的故事，而这个故事的主角正是我的爱人潘诚。

2023年8月，因一场突如其来的意外，潘诚被迅速送往医院，并紧急接受了一场惊心动魄的手术。术后，他陷入了长时间的昏迷之中，被安置在ICU病房，家人无法近身探望，我的心仿佛被撕裂了一般。然而，在这段艰难的日子里，陆桂荣和卢柳芳两位照护师，用她们的专业与爱心，为我们全家带来了希望的光芒。

她们日夜不息地守护在ICU病房，每当护理工作结束走出那扇沉重的大门后，她们总是耐心地向我转述潘诚的情况。汗水早已浸透了她们的衣衫，但她们却从未有一丝抱怨。她们相信，即使潘诚处于昏迷状态，也能感受到外界的温暖与关怀。

那段日子，她们无数次帮我和家人在潘诚耳边传达思念与祝福，她们告诉我，她们相信奇迹，相信潘诚一定能感受到家人来自心底的呼唤。正是这份信念，让我看到了生命的顽强与希望。

终于，在一个多月的不懈努力下，奇迹发生了。潘诚的眼睛微微睁开，手指轻轻动弹，那一刻，我的眼泪夺眶而出。随着意识的逐渐恢复，他开始能够与外界交流，虽然话语含混不清，但每一个简单的动作、每一句努力说出的话语，都足以让大家相信希望就在前方。

康复训练的道路漫长且艰辛，但潘诚从未言弃。在陆姐、卢姐以及整个医护团队的陪伴下，他一步步克服着身体上的障碍。从最初的自己进食，到能够扶着拐杖缓慢行走，背后是无数次的尝试与努力。每当看到潘诚艰难却坚定地迈出脚步，我的心中都充满了感激与骄傲。

这段经历，让我深刻体会到了照护师的重要性，她们正是这些奇迹的见证者和创造者，让一个个患者、让一个个患者家庭在绝望中找到了希望，在黑暗中看到了光明。

爱护宁

——用爱为那些失去天空的小星星点亮一盏盏温暖的灯吧！

在这个被温情与坚持轻柔包裹的世界里，作为一名默默无闻却心怀大爱的探访者，我常常踏足于那片充满希望的土地——儿童福利院。每一次的到来，都能使心灵经历一次深刻洗礼。在这里，我见证了孤残儿童护理员如何用她们无尽的爱，为那些失去天空的小星星点亮一盏盏温暖的灯。张姐，则是带领我走进这所儿童福利院的人。

"只要孩子们健康快乐地成长，便是我此生最大的心愿。"张姐的话语，简单却饱含深情，这是她心灵深处最真挚的呼唤。自从 10 年前踏入福利院的大门，张姐便将自己的全部心血倾注在了这些特殊的小天使身上——那些因命运多舛而失去了家庭庇护的孩子们。她用母亲般的怀抱，为孩子们筑起了一座避风的港湾。

张姐曾经是一名医院护士，拥有丰富的医疗护理知识，但面对福利院的孩子们，她发现这不仅仅是一项技术活，更是一场心灵的马拉松。尤其是福利院里的那些重症儿童，他们的身体状况瞬息万变，抽风、心搏骤停……这些突如其来的状况考验着她的专业素养，更考验着她的耐心与毅力。于是，她与同事们并肩作战，24 小时轮值守护，用精准的护理和无私的奉献，为孩子们撑起了一片蓝天。

在谈及孩子们的日常时，张姐的眼神中闪烁着温柔的光芒，她讲起孩子们一点一滴的成长，就像是说自家孩子的故事一样。

"荣芬，你知道吗？在这里最让我感动的是孩子们的纯真，他们虽然经历了很多，但心里都特别善良。"说到这里，张姐的眼眶不禁湿润了，那泪水，是心疼，是疲惫，但更多的是满足与幸福。"每当听到他们叫我'张妈妈'，所有的辛苦与付出都化为了甘甜。我知道，我们做的这一切，都是值得的。"她的声音虽轻却坚定，深深地触动了我。

正是有了像张姐这样一群默默奉献的爱心人士，那些孤残儿童的世界才不再是灰色，他们的人生重新焕发了光彩。而我深知个人的力量虽微小，但汇聚起来，便能成为照亮孩子们前行道路的光芒。所以，让我们携手，用爱为那些失去天空的小星星点亮一盏盏温暖的灯吧！

——我们是他们在这里的依靠，也是他们心中的温暖。

我是何嫦月，桂东人民医院的一名照护师。我的工作，就是在这个充满故事的地方，用我温柔而有力的双手，为病患带去最贴心的关怀。

初见李婆婆，那是一位被时光雕琢的 81 岁农村老人，她的眼中藏着对未知世界的恐惧与迷茫，更因语言不通而倍感孤独。那一刻，我的心被深深触动，仿佛看到了远方记忆中那位同样年迈的奶奶，一种难以言喻的亲情与共鸣，在我心中悄然升起。我决定，要用自己的方式，跨越这道语言的鸿沟，成为李婆婆生命中的那束光。

我开始努力学习李婆婆的家乡话，一字一句，笨拙却坚定。我用那熟悉而亲切的语调，与她交流，一点一滴地融化她心中的冰霜。渐渐地，李婆婆的眼神中少了些恐惧，多了些温暖与信任。

在日复一日的相伴中，我细心照料着她的每一个细微需求，无论是翻身、擦洗还是喂食，我都力求做到最好。为了给她带去更多的快乐与惊喜，我还亲手制作了许多小礼物，折纸鹤、编织围巾……这些看似简单的小物件，却承载着我满满的爱意与关怀。每当看到她收到礼物时那幸福的笑容，我的心便感受到温暖和满足。

我知道对于老年人，尤其是那些生病又没有家人陪伴的老年人来说，真正的关怀不仅仅是身体上的照顾，更是心灵上的慰藉。于是，我耐心陪伴在她身边，聆听那些被岁月尘封的故事，分享着彼此的喜怒哀乐。在那些温馨而美好的时光里，我们仿佛跨越了年龄与身份的界限，成为彼此生命中不可或缺的亲人。

李婆婆也因为我的陪伴，变得更加坚强和乐观。她学会了勇敢面对生活，也懂得了感恩。当她出院的那天，我看到了她眼里的泪光，是不舍、是感激，更是信任。我知道这份感情，她已经深深地记在心里了，成为她生命中最宝贵的记忆之一。

这段经历，让我更加深刻地认识到，作为照护师，我的职责并不仅限于病患身体的照料，更在于陪伴他们共度这段充满挑战与不易的时期。我们是他们在这里的依靠，也是他们心中的温暖。

——在外人眼里，这或许是个不起眼的角色，但对我来说，它意义非凡。

我是卜小英，在钦州市妇幼保健院担任照护师，在这个行业工作六年有余，其间有幸照护了超过 300 位宝妈。

在众多宝妈中，刘女士给我留下了深刻的印象。从她踏入产房那一刻起，我便从她眼中捕捉到了一丝不安与焦虑。作为二次剖腹产的宝妈，刘女士术后身体虚弱，照顾宝宝显得尤为吃力。在那些不眠之夜，我几乎未曾合眼，一边守护着宝宝，一边细心照料着刘女士。出院时，刘女士亲手写下了一封感谢信，信中写道："如果有下次，我还会选择您。"这句话深深触动了我，这不仅是对我工作的最高赞誉，更是对我深深的信任。

刘女士的故事只是我工作中的一个小缩影，但那份深厚的信任和情谊却让我铭记于心。那些夜晚，我与小宝贝共度时光，他的每一次哭泣、每一个笑容都牵动着我的心弦。刘女士从最初的紧张不安到后来的坚强感激，她的变化让我更加深刻地认识到，照护工作不仅仅是完成任务，更是给予希望与力量。

在妇幼保健院的日子里，我遇到了许多像刘女士这样的宝妈。她们有的是初为人母，有的是多个孩子的母亲，但无论如何，她们都对新生命的到来充满期待与敬畏。作为她们这段特殊旅程中的伙伴，我不仅提供专业的照护，更用心去倾听、去理解她们的需求，陪伴她们度过这段既苦又乐的时光。

与宝妈们的接触中，我不仅积累了更多的专业知识，更收获了珍贵的友谊和信任。当然，照护工作也并非一帆风顺。有时，宝宝会因不适应环境而哭闹不止，宝妈也会因产后抑郁而情绪低落。每当这时，我都会耐心安抚，用专业知识和爱心帮助她们渡过难关。

回首过去，我从未感到孤单。因为有宝妈们的信任、同事们的支持和家人的理解，我更加坚定地走在这条充满爱的道路上。未来，我将继续用我的爱心和专业去帮助更多的家庭，让每一个生命都能在爱与关怀中茁壮成长。

我就是卜小英，一名普通的照护师。在外人眼里，这或许是个不起眼的角色，但对我来说，它意义非凡。

——心中有爱，所以木"秀"于林，山"青"于外。

我叫潘秀山，来自爱护宁事业部，2022 年 10 月 16 日正式成为新生活公司医疗护理员，现在广西医科大学第一附属医院耳鼻喉科担任医疗护理员。作为新生活医疗护理员团队中为数不多的男性成员，我被同事们亲切地称为"小潘哥"，对此我感到十分荣幸，并对这份工作怀有深厚的感情。

2024 年，政府对医疗护理员的工作给予了特别的关注，因为医疗护理员在医疗团队中扮演着至关重要的角色。我们的工作不仅需要专业的医疗知识，更需要一颗充满关爱的心。作为少数的男性医疗护理员之一，我深感自己肩负着独特的责任。我决心将每一位病患视如家人，全心全意地提供护理与关怀，用我的温暖和细心去缓解他们的痛苦。

一次，我遇到了一位喉癌术后患者，他因无法发声而显得情绪低落。在带他进行复查的过程中，我通过肢体语言和手势与他沟通，询问他是否有什么心理负担或对后续治疗有所担忧。他对我能理解他的感受感到惊讶。我以轻松的笑容安慰他，告诉他目前的状况只是暂时的，并鼓励他用纸笔表达自己的想法。他感动地写下自己的担忧，我便更加关注他的心理状态，通过纸笔和手势语言与他交流，并给予他鼓励的笑容，让他感到不孤单。不久后，他康复出院，并特别写下感谢的话，感谢我在他无法发声时给予的关怀与照顾，这让他对治疗充满信心，并能迅速康复。

　　尽管我所在的耳鼻喉科不像外科那样有众多重大手术，但仍有病人对医院和医疗设备感到恐惧，对检查害怕和排斥。面对这样的情况，我们需要保持冷静的情绪，并提供专业的引导。有一次，我陪同一位近 80 岁的老奶奶进行 CT 检查。她对这种检查设备感到非常紧张和害怕，家属也无法安抚她。我蹲下身，握住她的手，平视她的眼睛，耐心地解释整个检查流程，并告诉她整个过程是无痛的。我还向她讲述了其他老人顺利完成检查的经历。老奶奶的情绪逐渐稳定，并顺利完成了检查。检查结束后，她和家属对我表示了衷心的感谢，并赞扬我耐心地消除了他们的紧张情绪。医生也对我在稳定患者情绪方面的能力表示赞赏。

　　作为一位合格的医疗护理员，我们不仅要安全高效地协助医生完成各种检查，还必须掌握一些基础的医疗知识，以确保病人的安全。有一次，我正准备带一位刚注射胰岛素的糖尿病患者去做血糖监测，注意到他的脸色苍白，出于谨慎，我立即上前询问他是否感到不适。患者表示他感到轻微头晕，我立刻向医护人员反馈，经过检查发现他的血糖水平偏低，随即进行了紧急处理。事后，医生告诉我，幸亏我及时发现，否则患者可能会因低血糖晕倒，造成严重后果。患者及其家属对我表示了深深的感激，医生也对我的细心表示赞赏。这次经历让我深刻认识到，医疗护理员的工作不仅是带领患者进行检查，更需要时刻关注他们的身体状况，预防突发情况，确保病人的生命安全。

在这两年的护理工作中，我接触过很多患者，也处理过很多突发意外情况，得到过很多锦旗、表扬信，但是最让我感动和难忘的，还是护理黄大哥的故事。2023 年 12 月，黄大哥带着对住院和手术的疑虑和紧张来到耳鼻喉科，我作为他的管床护理员，用专业耐心的服务缓解了他的紧张情绪，让他顺利安心地完成了所有检查，充满信心地接受手术。康复出院时，黄大哥好奇地问我："你作为一位男护理员，为什么能做得这么好？"我微笑温和地回答他："因为我喜欢新生活，我热爱这份工作呀！"黄大哥说："你的回答让我肃然起敬，这就是我们每个人把工作做好、做精、做专业的真谛。"我的回答刷新了黄大哥对我这位比较罕见的男护理员的评价，他还特别手写了一封表扬信让科室转达给我。他在信中写道："心存欢喜，心中有爱，走到哪里都是受人尊敬、讨人喜欢的好护理员，潘秀山就是这样一个给患者留下深刻印象的贴心人，我们喜欢他！他心中有爱，所以木'秀'于林，山'青'于外，感谢新生活培养了这么好的员工！"

黄先生的表扬信一直激励着我。尽管社会上对男性从事医疗护理工作持有疑虑，但通过不断的接触与了解，人们逐渐被我的温暖态度和专业服务所打动。我用自己的实践证明了，性别并非决定工作能力的关键，真正重要的是真诚与专业的态度。

尽管我作为新生活医疗护理员的时间尚短，但通过不懈努力，我以爱心、耐心、细心和专业赢得了患者、医护人员及公司的感激与好评。我将继续以大爱之心，做好每一件小事，努力成为男性医疗护理员的典范。

——我们从非专业到持证上岗，用熟练的技能和情感输出，让患者舒心、家属放心，能被家属认可，我认为是做了很了不起的事情。

我叫陆丽芬，是医科大学第一附属医院的一名项目经理，进入照护行业前一直在商场从事服装零售工作。回想起 2021 年 9 月 7 日，我初入公司的第一天，我依然记忆犹新。那天，刘兰田经理带领我穿梭于医科大学第一附属医院的各个楼层，来熟悉工作流程。那天下班，我就一个感受，累，特别累，两边的后脚跟磨破了皮。

新生活是所学校，每一位员工应该从入职就听到的比较多，现在我成为一名认证者。我从服装销售领域跨入照护行业，从一个初学者逐渐掌握并熟悉了各种操作技能、经营管理知识，提高了团队合作能力，并考取了相关证书和资质。正是这一连串的学习与成长，使我得以晋升为项目经理。是新生活，一步步带我成长，成为别人的榜样。

2023 年 2 月，我首次参与了公司举办的内训师技能竞赛，这一经历让我对专业技能操作有了全新的认识。我未曾料到，日常的操作技能竟也设有比赛，并且还有奖金。初涉技能竞赛的我，内心充满了紧张，担心在比赛中出现失误。记得比赛结束后，评委老师们对我们进行了点评，正是这次点评，让我对实际操作有了更深刻的理解。在点评环节中，评委随机挑选了一名参赛者进行现场操作，并对操作中不足之处进行了总结。

不幸的是，我被选中，在所有参赛者和管理人员的注视下，我完成了床上擦澡的操作。尽管我的手在操作时颤抖，但我自认为表现尚可，按照平时的培训标准，并未出现明显的错误动作。然而，评委提出的一个问题让我陷入了沉思："如果患者双手无法弯曲，该如何操作？"这一问题让我一时语塞。我们虽然在培训员工和实际操作时遵循了既定的流程，但似乎未曾遇到过患者双手无法弯曲穿衣的情况。评委进一步指出，作为一线操作人员，我们必须具备发现和思考的能力，思考如何使患者感到舒适和便利，而不仅仅是追求操作的便捷。她建议，可以将患者的双手抬高至头部，同时穿好袖子，再缓慢地将衣服从肩膀拉下，这样患者无需完全翻身或弯曲手臂。评委的点评让我意识到，一线的实际操作和培训不应局限于传统流程，而应不断创新，以提升患者的舒适度。如今，我们员工已经学会了一张护理垫可以床上洗头、一张滑布便可轻松移动卧床患者。

2023年9月，我有幸参与了市里举办的职工技能大赛。得益于首次参赛的经验，我们进行了无数次情景模拟操作的练习，学校也给予了全面的支持和陪练。比赛结果揭晓，我们以总分第八名的成绩名列前茅。至今仍清晰记得，公司通过大群公布了这一成绩，现场的许多同事及领导纷纷给予我们掌声、表扬和奖励。然而，这次竞赛中，我在理论考试中未能及格，仅获得了55分，至今提及仍感羞愧。实际上，对于护理基础知识的掌握我确实有所欠缺，最初并不清楚理论考试的重要性，大部分答案都是凭借猜测得出，因此未能进入中级等级证书的名单。

　　通过参与此次比赛，我深刻认识到，作为照护师，我们不仅需要掌握操作技能，还必须具备基础的伦理知识。我们必须了解为何某些行为存在风险，以及手术后应遵守的禁忌事项。因此，我向各科室的专家们咨询了专科注意事项，并组织了多次专业培训，以便使我和我的团队成员能够更加熟悉护理工作的相关注意事项。在过去的一年中，我先后取得了健康照护师和健康管理师的资格证书，并有幸成为南宁市首批医疗护理员师资班的成员。在此次理论考试中，我取得了优异的成绩，并顺利获得了师资证书。这份证书让我感受到了归属感。回顾三年前，我带着懵懂加入照护行业，到现在成为广西少数拥有师资资格的照护队员，我真切地感受到了与公司和照护事业共同成长的喜悦。

　　2023 年 12 月 8 日，2023 年度全国医疗护理员职业技能大赛（社会康养机构赛道）在洛阳职业技术学院大剧场隆重开幕，吸引了来自全国各地的 21 支参赛队伍，共计 113 名选手参与竞争。新生活公司作为广西护理行业的唯一代表参与了此次竞赛。在同事们的协助与指导下，我深感荣幸能够代表公司及广西地区，成功晋级至全国总决赛。此次竞赛对我未来的职业生涯和人生道路产生了深远的影响，激发了我对医疗护理行业的热爱，并激励我作为新生活医疗护理员不断追求卓越。在 39 岁之前，我未曾设想过自己会涉足照护行业，更未曾料到会取得如此优异的成绩，获得众多证书与荣誉，对此我感到无比荣幸。

　　在我接受广西媒体采访时，被问及对医疗护理员这一职业的看法，我坚定地表达了以下观点："我们从非专业到持证上岗，用熟练的技能和情感输出，让患者舒心、家属放心，能被家属认可，我认为是做了很了不起的事情！"因为从患者的角度来看，他们需要我们这一职业的服务，社会也需要我们这样一群人来承担这份既平凡又伟大的工作。尽管我们的学历可能不高，但是我们不怕脏、不怕累，日复一日地从事着那些看似微不足道却关乎生命健康的工作。如今，我们有了一个新的称谓——医疗护理员，这个称谓赋予了我们的职业更高的尊严和更深远的意义，这更值得我们去珍视。

回望 3 年成长路，我深深感激公司对我的培育，使我得以蜕变，成就了今日更为优秀与自信的我。在未来的长路中，我将会继续秉持"怀大爱心做小事情"的精神，坚持学习，坚持爱与成长，继续紧跟公司步伐，发挥自己的优势，为团队、为公司、为行业培养更多优秀、专业的照护人才。更希望自己，也终有一天能以大师的资质为照护事业书写傲人篇章！

——喜悦是爱，喜悦是祈祷，喜悦是力量，如果你怀着喜悦给予，你将获得更多。

我叫蒋颜秀，是爱护宁事业部社会福利医院项目主任。在加入爱护宁之前，我曾是三家连锁加盟女士饰品店的经营者。然而，由于网络商店的兴起，2014年3月，我不得不关闭了最后一家店面。2014年4月，我加入了爱护宁，成为公司驻第一人民医院护工管理处的一名护工，负责运送患者进行检查。在这一岗位上，我目睹了患者情绪随着病情波动而变得敏感、焦虑和恐惧，我们的职责不仅限于运送检查，还包括心理上的安抚。

随后，南宁市社会福利医院的进驻为我带来了新的机遇。由于我在工作中的表现优异，领导询问我是否愿意负责管理陪护工作。坦白说，我曾犹豫不决，一方面，这是公司首次开展陪护业务，我缺乏相关管理经验，担心无法胜任；另一方面，福利医院的患者群体包括精神疾病患者、戒毒人员、无家可归者、老年人及临终患者，我对于能否胜任这份工作感到疑虑。在领导的开导和鼓励下，我开始了福利医院的陪护管理工作。我努力学习相关技能，每日跟随护士长查房，并及时解决问题，很快便获得了客户和患者的认可。

2019年10月，中医科迎来了一位特殊的患者——张丽琳奶奶，一位90岁的全失能老人，深受胃肠疾病困扰。由于疾病的影响，奶奶不愿进食，排便困难，情绪低落且烦躁。张奶奶的女儿在国外工作，无法陪伴在侧。得知这一情况后，我用了一个小时安抚和沟通，最终奶奶开始进食。此后，我每天都会探望她，奶奶见到我总是非常高兴。随着时间的推移，奶奶的病情和精神状况有了显著改善，从最初的卧床不起到能够坐轮椅，奶奶的脸上终于露出了笑容。

2021 年新冠疫情暴发，张奶奶的女儿无法回国，奶奶的日常所需和住院手续无人处理。经过与家属沟通，医护人员将这些事务委托给我。由于疫情导致医院封闭管理，奶奶三年未能见到亲人。每到周末，我都会为奶奶煲鸡汤补充营养，并在每年奶奶生日时组织员工和患者一同庆祝。每当奶奶思念家人时，我会通过视频连线让她与家人见面。渐渐地，奶奶与我建立了如同母女般的情感。

2023 年 8 月 5 日星期六的早晨，奶奶的病情突然恶化。我心有感应，尽管本应休息，却早早来到医院。奶奶口中不断念叨我的名字，见到我后，她抚摸我的脸，紧紧握住我的手，安详地离世了。我流泪了，为奶奶在生命的最后时刻未能见到至亲而感到悲伤。我和陪护姐姐一起为奶奶擦身，穿上她喜欢的衣服，而她的两个女儿直到晚上才抵达南宁。

张奶奶的事情让我深刻反思。我们医院大多是老年和临终患者，许多人的亲人在外地甚至国外，无法经常探望。还有许多五保孤寡老人，他们无依无靠，没有亲人。如何缓解他们的孤独和恐惧？我意识到个人的力量是有限的，我决心带领我的团队更好地照顾他们。

首先，我坚持每天巡视医院的每个病床，向爷爷奶奶们微笑问好，询问他们的需求，与他们闲话家常。爷爷奶奶们的要求很简单，只要我们对他们好，他们就会以笑容相报。实际上，2023年在黄总的倡导下，公司执行"310""510"原则之前，我们已经在实践这些原则，只是没有那么具体化。服务必须是有温度和态度的，特别是在提供养老服务的福利医院。在招聘陪护人员时，我特别注重他们的面部表情，性格开朗、爱笑的人非常适合。技能可以培训，但性格不易改变。我们坚持查房，这不仅拉近了与老人的关系，还能发现员工工作中的问题，如技能和服务态度。对于共性问题，我会立即组织员工进行培训，现场整改，绝不拖延至次日。我们的管理处由陪护人员组成，24小时在岗，全年无休。面对特殊群体，他们的精神压力很大，我注重培养团队的协作精神，共同解决问题，共同分享快乐。每天上午，在颐养中心的小花园和内外科大厅，都能听到陪护人员和爷爷奶奶们一起做手指操、唱红歌的声音，氛围非常融洽，团队充满阳光，快乐地工作。

每季度，我们都会组织一次全院老人的娱乐活动，包括唱歌、跳舞、做手指操，以及为老寿星们集中庆祝生日。我们的员工全部持证上岗，认真学习各项技能，努力照顾好爷爷奶奶们。在我的带领下，我的团队荣获了2022年南宁市工人先锋号，并在2022年、2023年连续两年获得客户满意度奖。

特蕾莎修女曾说：活着就是为了爱。喜悦是爱，喜悦是祈祷，喜悦是力量。如果你怀着喜悦给予，你将给予更多。

而我，也将用我的阳光温暖更多的人。

第四章

爱护宁的长期照护策略

　　长期照护不仅仅是有几个护工就能解决的，它是一个综合型的社会保障体系。

生命全周期照护

　　什么是生命全周期照护？当你害怕摔倒的时候，有人递上了拐杖；当你不能上厕所的时候，有人搀扶、有人照料；当你不能走路的时候，有人推着轮椅带你去看外面的风景；当你需要诉说心中的烦恼的时候，有人会倾听；当你奄奄一息，需要最后的一丝温暖的时候，有人会用温暖的手握着你的手……这就是生命全周期照护。

　　生命全周期照护，也就是长期照护，应该说是照护的最高境界。长期照护主要针对高龄者（65岁以上的老人），或患有不能自理疾病的人，或失能的老人的长期照护，包括日常生活、起居、社会活动、就诊治疗和临终关怀等全部过程。生命全周期照护是"二战"以后，在西方国家逐步兴起、建立和完善的一种社会保障制度。它脱胎于医疗制度安排，但不限于医疗制度安排，还包括社会福利保障、商业照护服务机构等主体的介入。在不同的国家长期照护有不同的特点，有的就把它作为医疗制度的一个附带体系，更多的是把它作为社会保障或者社会福利制度安排。随着中国老龄化的进程加快，我们也十分重视生命全周期照护，前几年推出的"长护险"，实质上就是在逐步建立中国的生命全周期照护制度。

　　在长期照护方面，中国台湾地区做得比较全面。台湾地区的人口老龄化也是比较严重的。2015年，中国台湾正式制定了《长期照护服务法》，并且在2017年开始实施，为长期照护的发展奠定了法律基础。同时，中国台湾又制定了《长期护理保险法》，这两部法律完善了生命全周期照护的基础，起到了重要作用。而中国很大，各个地区、省份的发展存在差异，影响了推出全国统一的长期照护政策和法律。目前各个省都在按照自己的情况进行摸索，在此背景下，照护服务机构也在为长期照护探索自己的路子，摸索经验。

"爱护宁"的生命全周期照护目前是怎么做的呢？我们提出了自己的发展雏形，即简单明了的院前—院中—院后全方位闭环照护模式（见图4-1），并以此为基础逐步完善成现代社会需要的生命全周期照护体系。

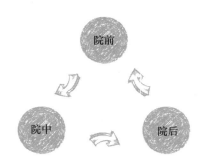

图4-1　全方位照护模式

院前：在照护的起点，爱护宁以预防为主，为每一位潜在或已显现照护需求的人群提供前置性服务。我们通过专业的健康评估、个性化的生活指导、心理支持以及紧急救援准备，为他们的日常生活筑起一道坚实的防线。这份提前的关爱与准备，是对生命的敬畏，也是避免未来困境、提升生活质量的关键。

院中：当照护对象面临疾病或特殊事件的挑战，需要住院治疗时，爱护宁的院中照护服务随即启动。我们与医院医疗团队紧密合作，为照护对象提供全方位的支持与照护，包括病情观察、治疗协助、心理疏导、营养膳食管理以及日常生活的全方位照顾。我们的目标是，让照护对象在医院的日子里感受到家的温暖与安心，共同渡过难关。

院后：出院并不意味着照护的结束，而是新的康复旅程的开始。爱护宁的院后照护服务持续跟进，为照护对象提供个性化的康复计划、健康管理指导以及必要的居家照护支持。我们关注他们的身体恢复情况，提供必要的康复训练与指导；同时，我们也关心他们的心理健康，提供心理慰藉与情绪支持。我们希望通过持续的关怀与努力，帮助照护对象尽快恢复健康，重新融入社会与家庭。

爱护宁的院前—院中—院后闭环照护模式，形成了一个完整的照护链条，将关爱与照护贯穿于照护对象的整个生命周期。我们坚信，每一个生命都值得被尊重与呵护，无论他们处于何种状态，都需要得到专业、细致、全面的照护服务。因此，"爱护宁"将始终秉持着"以爱之名，护你周全"的服务理念，为所有需要得到照护的人群提供温暖与支持，让爱的循环在生命中无限延伸。

真正要做好生命全周期照护是非常不容易的，它需要各个方面制度体系的建立与完善。仅就商业照护服务机构而言，需要跨行业跨部门的布局和投入。最近几年来，爱护宁着力于以下几方面，打造符合中国社会特点的长期照护体系：

（1）进行数字化转型，将服务对象的基本情况、基本需求纳入数字化的管理，这样既方便于照护工作本身，也有利于客户在入院时与医疗机构对接。

（2）尝试创建客户需求认定的体系，根据客户在照护方面需求程度，划分出相应的等级，在相应的等级上投入必要的照护力量和时间。这样既可以区别对待不同老人的照护需求，也可以节约照护资源，减轻照护对象的经济负担。在这方面我们将进一步研究和借鉴其他国家和地区的经验，如日本把需要照护的等级分为五级，分别在这五个级别中投入不同的照护力量，甚至不同专业的照护人员，以满足被照护者的需求。中国台湾地区按照一定的评估体系，把两类级别（ADLs 和 IADLs）的照护老人分为四类照护级别，并且投入相应的照护资源、保险资源、社会福利资源、政府补贴资源，以与这些等级相匹配。

（3）打通居家照护、社区养老照护、养老院、医院等不同的照护场景，使老人在不同的阶段、不同的场景中都能感受到始终如一的高品质的照护服务。当然，这需要我们投入更多的力量，在政府和相关部门的支持下，进入这些相关的场所提供优质的服务才能实现这一目的。

（4）重视教育。教育能够成就照护事业，我们常说照护人还需要人，后者这个"人"是指有专业素质、道德和社会责任涵养的照护人员。这些人员需要我们去培养，需要创办相应的培训机构。几年前，我们成立了爱护宁学校，就是为了实现这一战略目的。只有有了合格的人，我们才能真正做好生命全周期照护，没有人，没有合格的人，一切都无从谈起。

重塑养老服务生态

生命全周期照护需要一个健康成熟的养老服务生态环境，这是我们目前面临的最重大的挑战。目前的情况是，一方面国家有政策，国家也知道未来发展的方向，并逐步加大在财政和政策上的支持；另一方面，社会层面比较混乱，从事养老服务业的机构目的单纯者少，想法多的机构多。不少机构总从商业利益上去考虑问题，因此目前的养老服务生态可以说是鱼龙混杂、好劣均俱。

要塑造一个成熟健康的养老服务生态，我们恐怕还要走很长的路，但是我们欣慰地看到，毕竟也有不少服务机构秉持社会责任和爱心服务的理念，在不断地积累养老服务环境建设的正能量，爱护宁就是其中一家。

聚焦于养老服务行业的痛点与难点，通过深入调研与分析，发现传统养老服务模式在资源配置、服务效率与老年人满意度方面存在诸多不足。为此，爱护宁提出了一种以低成本实现高质量护理的社区与居家养老新模式。该模式通过优化资源配置，引入先进管理理念与技术手段，不仅有效降低了政府财政支出，还显著提升了服务效率与老年人满意度，为养老服务体系的改革提供了新思路。

在全球化背景下，爱护宁积极借鉴国外成功的养老服务模式与最佳实践，同时紧密结合中国国情，构建了一个智能化、数据驱动、高透明度且医养深度融合的养老服务平台。该平台不仅集成了国际先进理念与技术，还融入了中国特色元素，为政府构建具有中国特色的养老服务体系提供了有力支撑。

　　人才是养老服务质量的基石，为了提升服务质量，爱护宁长期致力于吸引和鼓励优秀医护人才投身社区与居家护理工作。通过提供专业培训、职业发展规划及激励机制等多元化手段，有效促进了人才创新就业与专业素养的提升。这不仅为老年人提供了更加专业、贴心的照护服务，也为养老服务行业的可持续发展奠定了坚实的人才基础。

　　在养老服务中，家属的支持与参与至关重要。爱护宁通过为家属提供全面的照护指导与支持服务，有效减轻了家属的照护负担，同时增强了他们对照护工作的信心与能力。我们关注并改善老年人的生活自理能力与生活质量，通过构建家庭、社区、机构三方联动的支持体系，共同为老年人营造一个温馨、和谐、幸福的晚年生活环境。

　　针对居家养老服务中存在的服务需求特殊性、服务对象特殊性及服务场所特殊性等难题，爱护宁提出了针对性的解决方案。通过深入分析老年人的实际需求与特点，运用智能化手段实现个性化服务定制。同时，加强与家属、社区、医疗机构等多方合作，形成合力共同破解服务难题，有效提升了老年人的生活质量与幸福感，还为养老服务体系的完善提供了有益探索。

　　尤为值得一提的是，爱护宁创新性地引入了博组客洋葱模型，该模型以客户需求为核心，从内到外逐步构建了一个多层次的照护网络，包括客户群体、亲戚家人联动网络、社区社工与邻居支持、博组客专业服务团队以及保险公司与医院等外部支持力量。通过这一模型的运用，不仅提高了照护效率与质量，还显著降低了照护成本，实现了资源的最优配置与利用。

爱护宁以其创新的理念和务实的行动，为政府和社会提供了一个可借鉴、可复制的解决方案。未来，我们有理由相信，在政府、市场与社会的共同努力下，一个更加完善、更加高效的养老服务生态体系将逐渐形成，为亿万名老年人带来更加美好的晚年生活。

爱护宁社区——以爱之名的温馨港湾

爱护宁的院前—院中—院后生命全周期照护模式，其中最重要的一环就是社区的养老照护服务。目前我们已经开始在社区进行有益的探索。

在广西南宁市西乡塘区明秀南社区，有一处温馨的港湾，它以"爱护宁"之名，悄然改变着我们对养老照护的传统认知。在这里，88 岁的白奶奶与众多长辈的笑容交相辉映，温暖而明媚。这不仅是白奶奶晚年生活的幸福剪影，更是爱护宁社区居家服务中心对"家"的深刻诠释与不懈追求。

爱护宁社区居家养老服务中心，按照厅市共建、街道（社区）主管、机构运营的思路，构建"15 分钟温情养老服务圈"，满足老年人的生活照料、家政服务、居家康复护理等多种需求。

爱护宁社区配备有护士、康复师、社工、助老员等专业工作人员，可为高龄、失能或认知症等有需要的社区长辈们提供"智慧化居家养老服务平台、社区养老、文化娱乐、生活照料、健康管理服务、探访关爱、居家照护、委托代办、医疗巡护、心理慰藉、辅具租赁、居家适老化定制改造、认知障碍筛查及干预"等服务，并组建志愿者团队和兴趣社团，定期开展各类文化娱乐活动，丰富老年人的精神生活，让长辈们感受到"老有所乐、老有所学、老有所为、老有所养"的社区居家养老生活，提升老年人的获得感和幸福感。

在每一次服务中，爱护宁社区都秉持着"怀大爱心做小事情"的服务精神，以及"您需要 我就在"的服务理念。这意味着工作人员始终将老年人的真实感受放在首位，从细节处入手，提供个性化、精准化的服务。无论是日常生活的照料，还是心理情感的支持，爱护宁社区都力求做到"想在前、做在先"，让老年人感受到无微不至的关怀与陪伴。

此外，为了更好地服务社区长辈，爱护宁社区还推出了公益体验卡项目，让更多老人能够先行体验优质服务。同时，社区及辖区内的特困老人可免费享受养老服务，真正做到便民利民，让每一位老人都能安享晚年。

在老龄化日益加剧的今天，如何超越基本的生活照料，深入长者内心世界，给予他们情感的慰藉与心灵的抚慰，成为社会共同的焦点。爱护宁打破了传统养老服务的既有框架，其独树一帜的照护模式，引领我们步入了养老照护的新纪元。

"爱护宁社区居家养老服务中心"只是"爱护宁社区"居家照护的一个缩影，爱护宁的初衷就是建立一个以更低成本、传递更高护理质量的社区和居家护理养老创新模式，长期为政府节省老年护理的支出，提升服务的效率。同时，借助国外的成功模式和最佳实践，建立一个智能化、数据驱动、高能见、共同呵护度、医养结合的服务平台。

当下，居家养老还是主流，爱护宁社区作为公司重点项目打造，不断优化升级，为广大消费者提供多元化的社区居家养老服务需求。通过将智能化、数据驱动等前沿科技融入养老照护，爱护宁构建了一个集高效、专业与温情于一体的综合型服务平台。这种创新不仅降低了成本，更提升了护理质量，让老年人在享受高质量照护的同时，也感受到了科技带来的便利与安心。

　　爱护宁正在实现从"护工服务"到"照护服务"的转变，这一转变不仅仅是名称上的变化，更是服务理念的根本性升级。它意味着照护服务不再仅仅是身体上的照料，还有心灵上的陪伴与慰藉。在爱护宁的社区照护新模式中，我们看到了对长者需求的深刻理解与尊重，看到了科技与人文的完美结合，更看到了爱与责任的传承与发扬。

　　深耕社区，与爱同行。让我们共同努力，为更多的长者营造一个温馨、安全、有爱的生活环境，让爱与关怀成为他们晚年生活中最美的风景线。

第五章

爱护宁融汇不同专业的照护方法

照护是一个专业，但又不仅仅是一个专业，它涉及很多不同的专业。

一本教材涵盖的内容堪称全科医生 助理的工作信条

随着爱护宁学校的成立，我们一直在组织能够收集到的资源，编写爱护宁的培训教材。这本教材涉及的内容，堪称全科医生助理的工作信条，它大致包括如下重点：

1. 呼吸系统常见疾病的照护

支气管哮喘患者的照护

慢性阻塞性肺疾病的照护

肺癌患者的照护

2. 心血管疾病患者的照护

冠心病及介入诊疗术后的照护

心力衰竭患者的照护

3. 消化系统疾病患者的照护

胃癌患者的照护

大肠癌患者的照护

消化道出血患者的照护

4. 泌尿系统疾病患者的照护

尿毒症患者的照护

膀胱癌患者的照护

5. 神经系统疾病患者的照护

脑卒中

阿尔茨海默病患者的照护

6. 内分泌与代谢性疾病患者的照护

糖尿病及其急、慢性并发症

7. 骨科患者的照护

四肢骨折患者的照护

脊柱外科患者的照护

8. 乳腺疾病患者的照护

乳腺癌手术患者的照护

9. 产褥期妇女的照护

产褥期妇女的观察和生活照护

产褥期妇女异常情况观察及照护要点

10. 新生儿常见症状与疾病的照护

新生儿黄疸的照护

新生儿呕吐的照护

新生儿惊厥的照护

新生儿窒息

11. 老年人常见慢性疾病患者照护要点

老年高血压患者的照护

老年帕金森患者的照护

老年人行动能力下降的照护

失能与半失能老人的照护

12. 善终照护

死亡的认知

终末期的善终照护

13. 中医养生与照护

中医膳食调养与照护

中医功法养生

按照不同类型的病患，对照护师的培养也要有相应的针对性，才能使照护工作的质量有保障，对不同病患的不同照护要求，我们在实践中看到了初步的成效。例如：

阿尔茨海默病的照护

【导语】阿尔茨海默病又称为老年痴呆症，主要特征之一是记忆力退化，记忆从最初的记不住事情到后期的完全性忘记所有事情，严重影响患者的社交、工作与生活。本章节从专业的角度解析阿尔茨海默病的定义、症状以及照护方法。以提高阿尔茨海默病患者的生活质量，让患者的生活充满温馨与希望。

【学习目标】

（1）了解阿尔茨海默病的概念。

（2）能说出阿尔茨海默病的早、中、晚期症状。

（3）掌握阿尔茨海默病的表现及照护要点。

（4）掌握跌倒的紧急处理。

一、阿尔茨海默病的概念

阿尔茨海默病（Alzheimer's Disease，AD）是一种发生于中枢神经系统的原发性退行性疾病。AD 是最常见的痴呆类型，多见于老年期患者，病程进展缓慢且不可逆，平均病程为 8 ~ 10 年，罕见自发缓解或自愈，最后发展为严重痴呆。

二、阿尔茨海默病的常见症状

根据疾病进展可分为早期、中期、晚期。

（一）早期表现

近期记忆的损害最为明显，表现为记不住最近几天、几周别人叮嘱的话或者自己要做的事情。患者对周围环境缺乏兴趣，主动性不足，孤独，自私，对人冷淡，甚至对亲人漠不关心，易生气。

（二）中期表现

记忆障碍日益严重，远期和近期记忆力均受损，时间、地点定向障碍，言语功能障碍明显，表现为日常用品丢三落四，忘记自己的家庭住址、亲友的姓名以及自己的身份信息，尚能记住自己的名字。讲话无序、空洞，反复说同样的话或重复别人的话。精神和行为障碍较突出，出现妄想、幻觉，如因找不到自己物品，而怀疑他人偷窃等。睡眠障碍，行为紊乱，常拾捡破烂之物或乱拿他人之物，有时出现攻击行为。

（三）晚期表现

记忆力及认知功能严重受损，忘记自己的姓名和年龄，不认识亲人。自发言语，最终丧失语言功能。患者活动逐渐减少，致丧失行走能力，最终昏迷瘫痪在床。

三、阿尔茨海默病的照护要点

（一）早期阿尔茨海默病的照护要点

（1）帮助患者留住记忆，多和患者一起看过去的日记、书信等；鼓励患者把有特殊意义物品的故事写出来。

（2）良好的交流方式，保持良好的眼神交流，传递出关心和耐心倾听；避免批评、纠正；亲切称呼，使用简单的词汇或句子交流，要语速缓慢，吐字清晰；一次只问一个问题。

（3）关心鼓励患者参与社交活动，鼓励患者唱歌、鼓掌或跳舞，参与社交活动，如叠衣服、画画等。

（4）房间布置要简单，物品要固定位置摆放，不轻易挪动；限制使用危险物品；限制进入危险地点。

（二）中期阿尔茨海默病的照护要点

（1）按早期照护要点进行照护。

（2）日常照护要点：对于智能障碍而导致生活能力低下的痴呆老人，一定要尊重他们的人格，保持他们的自信心是非常重要的。要树立诸如吃饭、排泄、洗澡、换衣等简单生活能力老人是完全能够自理的观点，靠自身能力完成力所能及的事情，以增强老人的信心。

（3）做好安全防范措施。

1）预防误食药物及过期食物。服药由照护者协助、平时药物上锁、定期清除过期食物、饼干盒中的干燥剂预先清除。

2）预防火灾。关掉瓦斯总开关、燃气灶加盖、必要时厨房上锁。

3）预防跌倒。地板防滑、避免使用小地毯、楼梯走道明亮、颜色对比鲜明、家具要固定、尖锐角包起来、有扶手、门坎打平、走道上不堆积东西。

4）预防走失。加装复杂的锁、门上加装风铃或感应式门铃等。

（三）晚期阿尔茨海默病的照护要点

（1）按中期照护要点进行照护。

（2）日常生活照护。包括安排规律生活作息，做好进食、如厕、穿衣、洗澡、睡眠等照护。

（3）保持骨骼和皮肤的健康。每隔 2 小时要挪动位置或翻身，减少身体某个部位的压力，预防压疮；每天帮患者活动关节；保持皮肤干净，避免硬物、碎屑伤害皮肤。

（4）维护肠道和膀胱的功能。饮食、饮水适当，注意大便情况，避免长时间便秘；失禁频繁的，要使用纸尿裤，定时检查，保持身体洁净，防止尿路感染。

（5）做好口腔清洁，定期翻身拍背预防肺部感染。

四、岗位技能训练：阿尔茨海默病患者跌倒的紧急处理

【典型案例引导】

王某某，男，78岁，诊断阿尔茨海默病8年，既往有糖尿病、高血压史，因头晕乏力入院，患者独自上卫生间时跌倒。

（一）患者跌倒的紧急处理：

（1）患者跌倒后，不要急于扶起，应立即呼叫医生护士，在医护人员的指导下进行跌倒后的现场处理。

（2）若患者意识丧失，照护者立即呼叫医生护士。有呕吐者且患者颈椎无损伤时应立即将头偏向一侧，清理口腔、鼻腔呕吐物，保证呼吸道通畅。有抽搐者，切勿强行固定患者的肢体，可在身体下垫软垫，防止碰、擦伤，并移开可能对患者造成伤害的物品。如发生呼吸、心跳停止，应立即进行胸外心脏按压、口对口人工呼吸等急救措施。

（3）患者意识清楚，若出现对摔倒过程无记忆、剧烈头痛、口角歪斜、言语不清、手脚无力等，提示可能为脑卒中，处理过程中注意避免加重脑出血或脑缺血。患者出现手抖、面色苍白、冒冷汗等低血糖的症状，可立即服用葡萄糖、含糖饮料或含服糖果。患者无不适，可在护士的指导下协助其缓慢坐起、站立或卧位休息。

（4）检查有无骨折，若出现肢体疼痛、畸形、感觉异常等，护理员应协助护士进行部位固定。

（5）有外伤、出血者，协助护士冲洗伤口及包扎。

（6）如需搬运，搬运时应保证平稳。若发生脊柱损伤，注意搬运过程保持脊柱轴线的稳定，避免脊柱扭曲、转动，两名以上护理人员托住患者头、肩、臀和下肢，动作一致将其抬起，平放在硬木板担架上转运。

（二）注意事项

（1）患者跌倒后切勿独自急忙扶起，应评估患者的身体情况后，在医护人员指导下进行下一步处理，以免对患者造成二次伤害。

（2）中晚期阿尔茨海默病患者为跌倒高危人群，且认知功能受损严重，应重点观察并教会陪护者防跌倒的相关知识。

对这样一个病患的照护培训，以及照护工作条例，就需要参考大量的专业论文和一些实践已经成熟的操作文献。上述培训内容就参考了以下文献：

［1］张利岩，应岚. 医院护理员培训指导手册［M］. 北京：人民卫生出版社，2018.

［2］刘哲宁，杨芳宇. 精神科护理学［M］. 北京：人民卫生出版社，2022.

［3］胡秀英，肖惠敏. 老年护理学［M］. 北京：人民卫生出版社，2022.

［4］孙琳，沈纪川. 阿尔茨海默病患病情况国内外研究进展［J］. 慢性病学杂志，2022，23（11）：1611-1614+1618.

［5］付丛会，臧品，陈梅，等. 阿尔茨海默病患者睡眠障碍特点及其与照护者负担的相关性研究［J］. 阿尔茨海默病及相

关病杂志，2024，7（2）：89-93+102.

　　［6］徐筱璐，高素玉，史亚伟，等．阿尔茨海默病患者口腔健康管理的研究进展［J］．护理管理杂志，2024，24（2）：115-119.

　　［7］蒋玲，潘国庆．阿尔茨海默病老人集束化护理干预效果研究［J］．长沙民政职业技术学院学报，2023，30（4）：24-27.

　　［8］胡海燕，王佳美，石云菲．阿尔茨海默病患者认知功能变化及护理进展［J］．现代医学与健康研究电子杂志，2023，7（16）：121-124.

　　［9］刘思琴，罗斯莉，马莹，等．阿尔茨海默病患者护理的最佳证据总结［J］．循证护理，2021，7（6）：727-733.

　　［10］秦淦嫣．阿尔茨海默病患者家属困境［D］．南京：南京大学，2021.

　　［11］张娟，倪桂辰，桂小雨．护士与照护者共管模式对阿尔茨海默病患者跌倒预防的成效［J］．安徽卫生职业技术学院学报，2020，19（5）：153-154.

　　［12］刘英啸．轻度失智老人居家照护系统设计研究［D］．成都：西南交通大学，2020.

爱护宁

团结协助　创造康复奇迹

张先生的母亲邢阿姨，50多岁就不幸罹患脑梗死，这个消息对于工作繁忙但深爱母亲的张先生来说无疑是晴空霹雳。尽管一直关心母亲的健康，但由于缺乏医疗护理和康复知识，他只能在日复一日的琐事中，用自己有限的护理常识鼓励母亲积极融入社会，与更多人进行交流。命运似乎并没有忘记他们，当爱护宁——博组客的康复案例征集招募令出现在张先生面前时，他的眼前一亮。

原来，有这样一家机构，不仅派遣执业护士和医疗康复师进行入户康复训练指导，还针对疾病背后的生活习惯、饮食、社交乃至家庭成员支持等方面提供一系列全面的健康干预指导。张先生满怀激动和希望与爱护宁——博组客照护团队取得了联系，详细介绍了邢阿姨的饮食习惯、生活作息以及社交圈层。通过团队的专业评估，匹配到"奥马哈"系统的环境领域、社会心理领域、生理领域及健康相关行为领域，为邢阿姨量身定制了一份翔实的护理康复计划。

自2023年4月开始，邢阿姨的康复之路正式启程。作为整个团队最密切的合作伙伴，张先生用录像的方式仔细记录每一个康复动作，并时常与专业人员沟通学习关于饮食控制和日常监测的知识。在没有专业人员上门的日子里，这些资料成为邢阿姨继续规范训练的重要依据。随着时间的推移，张先生的专业水平有了显著的提升，他对康复监督的执行更为到位。而最让人欣慰的变化发生在邢阿姨身上，她逐渐恢复活力，对战胜病魔的信心也日益坚定。

我们相信，家人是康复过程中不可或缺的伙伴。通过全社会的共同参与和家人的精心呵护，长者的健康将得到更好的关注，患者的康复之旅也将更加顺利。帮助长者们恢复健康，重返社会，让家庭生活重回正轨，这就是爱护宁—博组客存在的意义和使命。

爱护宁

专业与爱　点亮希望之光

　　秦叔叔，这位与高血压和阵发性房颤抗争多年的老人，他的生活因爱护宁—博组客照护团队的专业介入而发生了翻天覆地的变化。

　　曾经，秦叔叔的日常生活被病痛紧紧束缚，每一次尝试活动，都伴随着气喘吁吁的疲惫和无奈。他的眼神中偶尔闪过一丝沮丧，但更多的是对恢复健康的渴望。然而，仅凭自己和家人的努力，似乎总难以触及那个遥远的目标。

　　直到爱护宁—博组客照护团队的出现，为秦叔叔指引了一条通向新生的道路。这些照护师不仅拥有扎实的医学知识，更具备丰富的护理经验和人文关怀。他们深入了解秦叔叔的病情和需求，为他量身定制了一套科学、系统的康复计划。

　　在照护团队的专业指导下，秦叔叔的饮食结构得到了科学调整，营养摄入更加均衡，有效改善了他的身体状况。同时，照护团队还为他设计了一系列简单易行的康复训练，从最初的床上翻身、坐起，到后来的站立、行走，每一步都凝聚着照护师的心血与智慧。

　　康复的过程虽艰难而漫长，但是在专业照护师的指导和陪伴下，秦叔叔的身体状况一点一点地发生了变化。他的肌肉力量逐渐增强，关节灵活性也得到了提升。更重要的是，他的心

70

态也发生了积极转变。曾经对病痛的那份无奈与沮丧，被对生活的热爱与期待所取代。他开始主动参与到康复训练中，享受着每一次进步带来的喜悦与成就感。

如今，秦叔叔的小家依然温馨如初，还多了一份生机与活力。每当夜幕降临，家人围坐一堂，分享着秦叔叔康复的点点滴滴，那份幸福与满足溢于言表。而这一切的改变，都得益于照护团队的专业照护。他们用实际行动诠释了什么是真正的关爱与照护，也为更多需要帮助的人点亮了希望之光。

跨专业照护　爱护宁的照护理念与实践

在爱护宁—博组客的照护模式中，跨专业合作不仅是其核心理念，更是推动照护服务迈向新高度的关键。这一体系巧妙地融合了医疗、护理、康复、营养、心理等多个专业领域，同时，将这些专业知识与深切的人文关怀无缝对接，从而构建了一个既全面又系统，且高度个性化的照护网络。

医疗团队：由经验丰富的医生组成，负责患者的疾病诊断、治疗方案制定及调整，确保医疗干预的科学性和有效性。

护理团队：包括专业护士和照护师，他们负责患者的日常护理、病情监测及康复指导，确保患者得到细致入微的关怀。

康复团队：由物理治疗师、作业治疗师等组成，针对患者的具体情况设计个性化的康复训练计划，帮助患者恢复功能，提高生活质量。

营养团队：根据患者的身体状况和营养需求，制订科学的饮食计划，调整饮食结构，促进患者康复。

心理团队：由心理咨询师组成，关注患者的心理健康，提供心理疏导和支持，帮助患者树立战胜疾病的信心。

正是这些跨专业团队的紧密协作，使爱护宁能够为患者提供全方位、多层次的照护服务，确保每一个细节都得到妥善处理，每一个需求都得到充分满足。

爱护宁不仅仅是一个提供照护服务的机构，更是一个将专业与爱完美融合的大家庭。在这里，每一位患者都能享受到最全面、最专业的照护，每一位家庭成员都能感受到最真挚、最温暖的关怀。

深知照护事业任重而道远，爱护宁始终坚持以患者为中心，以家庭为伙伴，通过与博组客的深度合作，共同打造了独具匠心的"爱护宁—博组客"照护模式。这一模式旨在通过全社会的共同努力和家庭的精心呵护，为长者提供最佳的健康关注，让患者的康复之旅更加平稳顺畅。

爱护宁正用实际行动践行其使命——"帮助长者们恢复健康，重返社会，让家庭生活重回正轨"。通过不断融汇不同专业的照护方法，爱护宁在照护事业的道路上越走越远，也越走越坚定。

第六章

照护人关键还在于人

　　我从来不相信冰冷的机器能够完全取代人的心灵感应、拥抱和温暖的双手。

让健康照护更有温度

在医院、社区、家庭、养老机构等场所，有这么一群人，他们几乎寸步不离地守护在照护对象身旁，细心地进行健康与生活照料，他们就是健康照护师。作为新兴职业，健康照护师凭借医学护理知识，细心观察，及时发现并处理健康问题，为老年人提供预防、康复及日常照护，必要时还会建议就医。随着老年人口增多，社会对这类专业人才的需求日益迫切。

据中国老龄科学研究中心统计，截至 2022 年底，我国 60 岁以上老年人已超 2.8 亿人，其中失能、半失能老年人数量庞大，超过 4000 万人。此外，还有众多慢性病患者和术后康复者，他们长期需要专业的医疗护理和照顾。健康照护师的出现，恰如及时雨，不仅满足了精细化、专业化的照护需求，还大大减轻了家属和医护人员的负担，为构建我国长期照护服务体系贡献力量。

随着社会对健康照护师职业认可度的加深，其队伍建设也越发规范。按照《健康照护师国家职业技能标准（2022 年版）》，健康照护师被划分为五个等级，从初级到高级技师，每一级都对应着更高的工作年限、学时要求以及更严格的技能标准。这要求照护师不仅要掌握生活、基础照护技能，还要具备活动康复、心理关怀等能力，高级别照护师还需具备培训指导、照护管理和技术创新等综合能力。

如此广阔的就业前景和明确的评价体系，吸引了越来越多的人加入健康照护师的行列，我们欣喜地看到，不仅中年群体（40~50 岁人群）展现出浓厚的兴趣并积极投身其中，更有众多在校大学生满怀热忱地投身于照护师资质的相关培训之中。他们怀揣着对健康的深切热爱与崇高责任感，立志在照护行业中展现自己的才华与热情。

健康照护师的职业发展，不仅为照护对象提供了更加专业、细致的照护服务，也为社会培养了一批具备人文关怀精神和专业素养的照护人才。他们用自己的行动，诠释了"让健康照护更有温度"的深刻内涵，为构建我国长期照护服务体系贡献了不可或缺的力量。未来，随着健康照护行业的不断发展，我们有理由相信，健康照护师将成为更多人心中的理想职业，为社会的和谐与进步传递更多的温暖与力量。

关于专业照护师的角色定位

早在 2020 年 2 月 25 日，国家人力资源和社会保障部与国家市场监督管理总局、国家统计局联合向社会发布的 16 个新职业之一，就出现健康照护师的职业定义。健康照护师是指运用基本医学护理知识与技能，在家庭、医院、社区等场所，为照护对象提供健康照护及生活照料的人员。

健康照护师主要是面向老年人、孕产妇、婴幼儿和患者提供生活照料、预防保健、营养改善、康复护理、心理慰藉等服务，在市场上非常具有竞争力。与其相关的职业有：育婴员、养老护理员、家政服务员、健康管理师等。健康照护师优化集成了以上四种职业的主要职能，是一种具备健康照护综合能力的新职业，即我们通常所说的"专业照护师"。

职业价值

对个人价值：新的职业选择，社会地位更高，职业荣誉感更强。掌握基本的医学护理、健康教育、生活照料等知识技能，形成复合型人才竞争壁垒，具备健康照护服务管理中心的后台支持系统，拥有良好的就业岗位推荐机会、薪资前景、职业上升通道。健康照护师将成为一种持续成长型、受人尊重和社会欢迎的新职业。

对机构价值：健康照护师经过系统培训，具备良好的医疗护理和生活照料技能，节约了机构的培训费用，提升了照护服务水平，提升了健康照护人才职业美誉度，更好地满足市场标准化、多样化、差异化和个性化需求，解决了照护机构人才短缺、招工难和流动性大的问题，提升了机构竞争力和经济效益。

对社会价值：解决了"有老有小"等照护难题，健康照护服务管理中心可对健康照护师的服务进行有效监管，方便鉴别服务优劣，保障服务水平；解决就业结构性矛盾，有效促进就业，提升从业人员收入水平，实现"一人就业全家脱贫"；健康照护师提供的居家、社区医养结合的优质服务，贯彻预防为主的方针，减少慢性病患者和康复治疗人员频繁入院现象，节约医疗资源，减轻医保经费压力和家庭支出；落实健康预防理念，提升人民健康生活水平，促进家庭和谐幸福。

未来市场需求

从服务群体角度分析市场需求。我国家庭平均规模逐渐小型化，传统家庭照护方式难以为继，大量老年人、孕产妇、婴幼儿、残障者等群体，迫切需要社会化、专业化的照护服务。

从人才供需矛盾分析市场需求。我国"有老有小"健康照护人员缺口大，成为千万家庭痛点。养老、孕婴、住院期间患者照护等领域普遍存在从业人员短缺、专业化水平偏低、服务质量不稳定、服务缺乏监管等问题，尚不能满足人民群众日益增长的服务需求。

　　根据国家统计局发布的数据，2019 年我国人均 GDP 首次突破万美元大关，从经济及收入支撑分析和市场需求分析，已经达到中等偏上收入国家水平，居民消费将从生存型向发展型转变，对健康的诉求更加凸显。

　　健康照护师这一新兴职业主要是面向老年人、孕产妇、婴幼儿和患者，提供生活照料、预防保健、营养改善、康复护理、心理慰藉等服务，在市场上非常具有竞争力。它为破解家政服务行业结构性矛盾、化解"有老有小"家庭健康照护难题带来希望，必将成为新兴热门职业，市场需求量和从业数量将呈现井喷式增长。从服务群体、经济收入支撑、人才供给现状等角度来看，健康照护师市场需求巨大，发展前景广阔。据有关数据预测，未来 5 年我国健康照护师市场需求量将在 500 万人以上。

当代社会对照护师的要求

在现代社会，随着老龄化问题的日益凸显，照护师的角色变得尤为关键。无论是在医院还是家庭环境中，专业的照护师都承担着重要的责任和使命。他们不仅仅是提供基本生活照料的工作者，更是连接患者、老人与外界的重要桥梁。因此，对于照护师的培养，我们不仅需要注重其技术层面的提升，更要关注其专业素养、心理素质和文化素养的全面发展。

技术是照护工作的基础。一名合格的专业照护师必须掌握一系列专业技能，包括但不限于生命体征监测、疾病基础护理、康复辅助训练、药物管理等。这些技能的掌握直接关系到被照护者的健康和安全，因此对照护师的技术培训要求极高。技术培训应涵盖理论学习和实践操作两个方面，确保照护师能够熟练应用各项护理技巧。

技术只是起点。一个优秀的照护师还需具备高度的专业素养，这包括对医疗伦理的坚守、对患者隐私的保护以及对工作的忠诚。专业素养的培养是一个长期而系统的过程，它需要在照护师的日常工作中不断强化，通过案例分析、角色扮演等教学方法，使照护师在实际工作中能够遵循专业标准，做到心中有爱、行中有度。

除了专业技术和专业素养，照护师的心理素质同样至关重要。面对病患和老年人的身体状况变化、情绪波动乃至生命终结，照护师需要有足够的心理承受能力和应对策略。这不仅包括个人的抗压能力，还包括同理心和沟通技巧。培养照护师的心理素质，可以通过心理辅导、压力管理训练和团队支持等方式进行。一个心理健康的照护师更能给予被照护者温暖和安心。

文化素养也是照护师培养中不可忽视的部分。文化修养涵盖了语言表达、人际交往、价值观念等多个层面。一个具备良好文化修养的照护师能够更加有效地与患者沟通，建立信任关系，同时也能够在多元文化的环境中展现出尊重和包容。通过阅读、讨论会、文化交流活动等方式，可以有效提升照护师的文化素养。

照护师的培养是一个全方位的任务，需要我们共同努力。我们需要为他们提供专业的知识和技能，培养他们的专业素养，帮助他们建立健康的心理防御机制，引导他们树立正确的价值观和世界观。只有这样，我们才能培养出真正专业的照护人员，为社会的健康和福祉做出贡献。

我们也亟须政府及社会各界共同努力，提升照护人员的薪酬待遇与社会地位。同时，加大对照护人员培养模式的深入研究和探索力度，以寻求更为有效的培养方法和路径，从而适应不断演变的社会需求。

照护人的关键还在于人，只有我们真正关注和尊重照护人员，他们才能以最好的状态去关心和照顾病人。

爱护宁学校——专攻养老照护

在社会的快速发展中，我们深刻感受到老年人群体的日益庞大以及他们对专业照护的迫切需求。随着家庭结构的变化和社会老龄化的加剧，越来越多的老人需要得到专业的照护和陪伴。然而，现实中养老服务人员的短缺和专业技能的参差不齐，让我们深感忧虑。

正是出于这份对老年人的关爱和对社会现状的担忧，我们萌生了成立爱护宁职业技能培训学校（以下简称爱护宁学校）的初心。我们渴望为社会培养一批具有专业素养和人文关怀精神的养老照护人才，他们不仅能够提供高质量的照护服务，更能够用心去倾听、去理解、去陪伴每一位老人。

我们带着对老年人的深切关怀，走上了培养养老照护服务人才这条道路。走进那些需要关怀的家庭，我们看到老人们因岁月的侵蚀而显得脆弱，他们的眼中透露出对温暖与陪伴的渴望。这份责任，是爱护宁学校砥砺前行的最大动力。

面对广西日益增长的养老挑战，数据无言却震撼人心：截至 2023 年底，全区 60 岁及以上的老年人口已超过 937 万人，占比达到 18.64%。其中，失能、半失能老人数量超过百万人，他们对专业照护的需求极为迫切。然而，现实中专业养老服务人员严重不足，这既包含数量上的不足，也包含情感与责任的缺失。

正是在这样的背景下，2022 年 4 月，爱护宁学校应运而生。这不仅仅是一所学校，更是梦想与希望的孵化器，以"培育行业精英，引领照护未来"为使命，致力于成为全国照护行业的标杆。

依托"爱护宁"品牌的深厚底蕴，构建了集专业教学、实训操作、资格认证于一体的全方位培训体系。从先进的实训器械到精心编纂的教材，从宽敞明亮的实训场地到资深讲师的倾囊相授，我们致力于为每一位学员提供最优质的学习环境与资源。

在培训过程中，我们注重理论与实践的结合。除了传授知识，我们还强调技能的锻炼和实战经验的积累。通过模拟真实场景、组织定期实习和志愿服务，学员们能够在实践中成长，将所学知识转化为解决实际问题的能力，为日后步入工作岗位打下坚实的基础。

更重要的是，我们培养的是有爱心、有耐心、有同理心的养老照护人才。在这里，学员们学会了如何以同理心去理解老人的需求，以耐心去倾听他们的心声，以爱心去呵护他们的晚年。

得益于国家政策的扶持，爱护宁学校自成立以来，开展了一系列补贴性职业技能培训，学员通过结业考试即可获得职业资格证书，顺利"持证上岗"。政府的鼎力支持，为健康照护师队伍的成长提供了坚实保障，也让失能、半失能老人能够享受到更加专业、贴心的照护服务。这份努力，让健康照护不仅仅是一项职业，更成为一种充满温度的社会责任。

如今，爱护宁学校已经成为养老照护服务人才培养的重要基地。我们见证了无数学员在这里成长，带着专业知识与热情投身养老事业，他们为行业注入了新的活力，也为无数老人带去了关爱与希望。未来，我们将继续坚守初心，为养老照护行业的繁荣发展贡献力量。

第七章

『重建生活信心』——爱护宁照护追求的最高境界

一个病患老人还希望继续活着，继续过快乐健康的生活，这就是照护的最高目标。

遇见博组客

多年前，一次北欧之旅中的偶遇，让我对博组客的服务理念和体系心生敬仰，那份对细致关怀的执着追求，与我心目中理想的照护品牌不谋而合。那一刻起，一个梦想在我的心头悄然萌芽——打造一个以医院护工陪护、居家生活照护为核心，如同家人般温暖贴心的服务平台。此后，我便默默关注着博组客，期待有朝一日能将这份愿景变为现实。

2019 年，爱护宁应运而生。这是一个专门定位于医院护工陪护、居家生活照护的平台及产品创新打造的品牌，替生活忙碌也不专业的用户尽孝，也像妈妈一样替用户照顾有需要的患者、老人和母婴。

与博组客的正式邂逅，是一段充满奇妙色彩的缘分。这一切，要感谢我的好友——来自中国台湾的优秀女企业家妙苓总。一次偶然的上海之行，我们谈及了博组客，我难掩对其的认同与赞赏。更令人惊喜的是，妙苓总不仅与博组客中国总经理黄家悌先生相识，还是情谊深厚的台湾同乡。这仿佛是命运的巧妙安排，让我们两个志同道合的品牌得以相遇。在妙苓总的热心引荐下，爱护宁与博组客终于开启了合作的序幕。

随着时间的推移，我们从相识走向相知，彼此间的默契与共鸣日益加深。我们共享着对社区照护发展理念的深刻理解，共同肩负着"创造社会价值"的使命，携手并肩前行。2023 年 3 月 20 日，在这个春意盎然的季节里，爱护宁与博组客正式签署合作协议，标志着双方合作迈入了新的阶段，而政府部门的见证更添荣耀与责任。此次合作，对于爱护宁而言，无疑是一次历史性的飞跃，让我们得以站在巨人的肩膀上，汲取博组客的先进技术与宝贵经验，为自身的发展注入了强大的动力。

随后，广西南宁新博医养健康服务有限公司应运而生，我们共同绘制了一幅社区居家照护服务的宏伟蓝图。明秀南社区服务中心作为我们合作的结晶，正逐步成为广西乃至全国社区服务的典范，引领着行业的新风尚。在这里，博组客的智能化管理模式与爱护宁的温情服务完美融合，以前瞻性的视角，精准对接每一位居民的健康需求，让科技的温度触手可及。

我们更不忘回馈社会，携手开展一系列公益性活动，利用博组客的整合性护理计划及奥马哈信息化系统，辅以专业康复训练，为老年朋友点亮希望之光，助力他们重拾生活的自主权与尊严。

展望未来，爱护宁将在博组客的坚实支持下，继续秉承"您需要 我就在"的服务理念，以"爱与陪伴 照护无忧"为口号，为中国的老年人提供更加优质、全面的照护服务。我们相信，只要心怀敬畏、脚踏实地、不断创新，爱护宁定能在照护事业的道路上越走越远，为更多的家庭带去温暖与希望。

博组客的服务理念和体系

博组客（Buurtzorg），源自荷兰语，寓意"社区照护"，由远见卓识的 Jos de Blok 于 2006 年创立，作为一家非营利性组织，它不仅在荷兰拥有超过 14000 名员工，构筑了荷兰最大的居家护理网络，还跨越国界，将这份关怀带到了中国大陆、美国、德国、英国、法国、瑞典、日本、中国台湾及印度等多个国家和地区，成为全球居家照护领域的璀璨明星。

博组客自创立之初，便矢志不渝地致力于革新僵化的传统照护模式，倡导长者与护理人员之间建立深度且持久的合作关系，共同探索最适合个体的护理之道。自 2018 年起，博组客在中国多个城市深耕细作，将荷兰先进的整合型护理模式引入本土，实现了医疗与养老在居家及社区层面的无缝对接。这一模式通过护士、家庭医生、康复师及家属的紧密协作，构建了一个以长者为核心的全方位照护网络，有效助力失能、失智及慢性病患者重拾生活自主能力，其成效显著，赢得了社会的广泛赞誉与经济效益的双丰收。

毕马威于 2013 年的研究报告进一步印证了博组客模式的优越性：整合型护理在减少 36% 照护时间的同时，显著提升了长者的自理能力和满意度，并成功降低了 20% 的照护成本。尤为重要的是，此模式无须巨额资本投入，而是聚焦于护理智能系统的优化与护士专业能力的持续培养，实现了资源的高效利用与社会效益的最大化。

博组客的核心服务理念——"以人为本，深度关怀"，是其一切行动的指南。他们深信，优质的照护应当超越身体的呵护，触及心灵的深处。因此，博组客始终将"以长者为中心"作为服务宗旨，致力于提升长者的健康水平与生活质量，助力他们追求理想中的生活方式。这一理念促使博组客在提供个性化服务时，能够精准捕捉长者的独特需求，制定出贴心入微的护理方案。

博组客还尤为注重护理的连续性与合作深度。他们通过建立长期信任关系，与长者及其家属携手探索最佳护理路径，这种深度合作的模式不仅提升了护理效果，更增强了各方的满意度与幸福感，为整个居家照护行业树立了新的标杆。

在博组客，"快乐的护理人员和快乐的病人"是护理理念的精髓。他们坚信，工作的快乐源自内心的激励与自我价值的实现，而这种激励则源自对工作的深刻理解与热爱。因此，博组客致力于打造一个充满正能量与自主性的工作环境，通过团队支持、经验分享与持续创新，激发每位护理人员的潜能与热情，为长者提供超越期待的贴心服务。

博组客的扁平化自我管理团队模式更是其独特魅力所在。他们以小团队为单位，为特定长者提供定制化服务，这种模式不仅加深了护理人员对服务对象的了解与关怀，还赋予了团队高度的自主管理权与灵活性，确保了服务的及时性与高效性。

博组客的这一管理模式，在业界引起了广泛关注与赞誉，被视为组织进化的典范。

更重要的是，他们通过不断探索和实践，形成了一套成熟且可复制的运营模式和管理方法，这对于其他居家照护机构来说，具有重要的参考价值和借鉴意义。因此，我们可以说博组客是爱护宁的标杆。他们的服务理念和体系不仅为长者带来了福祉和希望，更为整个居家照护行业指明了未来的发展方向。我们有理由相信，在这种服务理念和体系的支撑下，中国居家照护服务将迎来更加辉煌的明天，为长者晚年生活增添更多的温暖与希望。

富有人文气息的奥马哈体系

整合型护理模式

老年人对医疗卫生服务有明显的刚需，而社区的医养结合可以有效地运用社区和家庭的资源和人员，根据老人的病情和需求，提供干预措施，进而降低健康相关的风险，尽可能维持老人的生活自理能力。许多家属因缺乏对老人健康相关问题系统化的理解以及可能的解决方法，导致在日常照护中倍感压力和无助感。通过运用智能工具做全面评估，制订护理计划，呈现高能见度的护理流程和结果，我们可以为家属赋能，减轻照护压力，提高改善的可能性。

在创新的整合型护理模式中，爱护宁明秀南社区的医疗护理员们应用奥马哈国际护理分级体系中的分类，将采集到的 21 位长辈的健康问题，从环境、心理、生理和行为等四大领域中，根据 42 项健康相关问题——界定出来，在界定健康问题的评估过程中，护士会根据该健康问题在认知、行为和状态等 3 个不同的层次，依其严重程度和观察到的证据，做记录和评分。

根据完成的评估报告和评估量表，护士制订相关的干预导向、干预方案、干预目标，以及每次各项干预所预计的实施时间，最终生成完整的评估报告和护理计划。通过健康分值改善追踪和个案分析：20 位长者在起初评估结果，健康分值总和为 482 分，2～3 个月护理服务的目标健康分值为 915 分，目标改善值百分比为 89%，在最近一次回顾时，健康分值总和已达到 698 分，改善分值百分比达到 44%。

个案分析：

方女士，51 岁，诊断：①胸部脊髓损伤（截瘫）；②双下肢深静脉血栓；③尿路感染；④腰椎间盘突出。经康复师评估肌力：双上肢关键肌肌力 5 级，双下肢肌力 0 级，无肌肉收缩。

方女士在护士和康复师的系统干预下，在循环方面，左下肢水肿改善，大便干结症状改善。在神经-肌肉-骨骼功能方面，床上重心不稳勉强坐起摇晃，需要女儿时刻在床旁照护，经康复师治疗及主动锻炼后，可以自主坐立穿衣、床椅转移，还能简单做一些家务，女儿可以重返职场，大大缓解了女儿及其家庭的压力。

其间护士根据护理计划中的干预所需的频率和时间，为老人提供有效的护理干预，并记录干预时可以观察到的老人健康改善的情况，给予评分。随着时间的推移，护士和照护老人的家属可以从护理光谱的记录，观察到老人对疾病的认识、健康生活习惯的养成，以及疾病症状的改善等方面的集成数据。

博组客洋葱模式的护理实践

"当你老了，头发白了，睡意昏沉……"我们是否也曾想过老了以后会变成什么样子，会以何种状态来面对生活？老有所乐，老有所养，老有所依应该是每个人心中憧憬的美好老年生活，然而在一线从事上门居家养老服务的我们，听到的挂在老人嘴边最多的却是"人老了，没用了，活着还有什么意思"。现实和理想之间，到底隔着多远的距离？

按照预约时间第一次登门拜访翁教授的时候，他给我们的印象是一位佝偻着身体，满头白发，脸色苍白而瘦弱的爷爷。从住家阿姨的口中我们得知，昨晚翁教授由于心脏病突发晕厥，叫120送去医院急诊，折腾了一晚上才刚从医院回来。翁教授看上去比较虚弱且精神不济，但是热情好客的他对我们的到来表示欢迎。80多岁的翁教授听力下降很明显，与他交流时需要凑近他的耳旁说话。翁教授退休前在同济大学执教多年，传递知识、教书育人是他的兴趣所在，提起年轻时的经历，他仿佛被注入了活力一般，神飞色动，滔滔不绝。随着年龄的增长，身体各方面机能都逐渐退化，加上患有心脏病、高血压等慢性疾病，让这位热爱体育锻炼的人，变成了如今行走都十分困难的年老体弱者。

作为一名典型的知识分子，翁教授对于自身的健康十分关注，多年来他通过读书看报以及上网浏览各种健康小知识，一直不断地在探索健康的饮食和生活方式。翁教授年轻时因工作的关系走过很多地方，国内国外很多城市他都曾参观访问过，这些经历使得他与绝大多数的同龄人相比，思想更开明，眼界也更开阔。翁教授非常看好居家养老这个行业，他告诉我们，在西方国家，很多老人都会选择在家里接受上门护理服务，而不是去住机构。翁教授对居家康复的理念也有很高的接受程度，他认为目前老百姓对康复的价值还没有很深刻的认识，近年来国家在大力发展和培养康复方面的人才和力量，康复的发展对老年人的健康是有极其重要的意义的。

与翁教授的交谈中，我们对他的了解进一步加深，一方面我们震惊于他广阔的知识面和对新事物的接受能力，另一方面我们也发现他有着自己的"小执着"。翁教授对"是药三分毒"这个说法深以为然，这个观念也极大地影响了他服药的依从性。对于医生开具的用药医嘱，翁教授认为绝大多数药物是不必要的，按照医嘱吃药对身体的伤害是巨大的，所以他平时都会自行减量或停药，而我们认为这跟他心脏病频繁发作（几乎每周送一次急诊）是有着直接关系的。翁教授的日常生活很大程度上都依赖住家阿姨的帮助，个人卫生、进食、如厕，他都无法自行独立完成，一个对普通人来说简单的站立动作，翁教授却需要两人的搀扶才能勉强坚持，而长期坐在椅子上，导致他的双下肢水肿情况十分严重。评估过程中，翁教授无奈地边笑边对我们说"人老了，不中用了"，这样一句悲观消极的言语背后，我们却听出了他内心对恢复生活自理能力和健康的强烈渴望。在首次上门评估的时间内，我们尽可能详细地收集翁教授的病史资料、用药情况、个人生活史和兴趣爱好，随后护理和康复团队的成员回到护理站根据收集的资料展开讨论，运用国际标准的奥马哈系统为翁教授量身定制了详细的康复护理计划。

第二次上门时，我们与翁教授详细沟通了他的照护计划。

通过找出目前最值得关注的问题、制定阶段性的目标，我们与翁教授探讨如何共同努力实现该目标。过了不久，住家阿姨告诉我们翁教授又犯病了。不按医嘱服药，导致他病情极为不稳定，心脏病频繁发作送医，这是当前最重要的，也是最迫切需要解决的问题。而康复锻炼的进行，又需要建立在病情稳定的基础上。一开始，我们试图劝说翁教授按医嘱服药，我们整理了他目前所用的所有药物，向他详细地解释了这些药物的作用和可能有的不良反应，我们也与他分析心脏病发作的诱因可能是什么，接收了这些信息的翁教授当场表示自己已经听进去了，也理解按时服药的重要性。但据后续的跟踪，我们从住家阿姨处了解到翁教授其实只是听到了，内心并不以为意，从行为上来看，并没有遵照医嘱进行服药。依照奥马哈系统的结局评价体系，我们需要在认知、行为和状态三方面来看一个问题的改善程度，我们尝试用传统的健康宣教方式来改善翁教授在用药问题上的认知情况，然而从行为和状态层面，我们并未看到翁教授的改变。这让我们在感到焦虑的同时也进行了反思，如果这样的方式没有效果，那么我们需要努力探索其他更有创新性的方法。

　　经过多次上门服务，我们了解到翁教授楼上有一位邻居奶奶也患有同样的病症，她多年一直服用同样的药物且病情控制得很好，并且到目前为止没有发生任何不良反应。我们与邻居奶奶进行了沟通，希望请她现身说法，来劝说翁教授按时服药，奶奶非常乐意配合我们完成这个"特殊任务"。病友的劝说效果意外地好，在翁教授的身上可谓立竿见影，奶奶讲完的当天他就开始按医嘱服药。在病情稳定的情况下，他积极配合康复计划，每天基本能坚持完成锻炼，全身的状态也逐渐变得越来越好。经过三个月的共同努力，翁教授已经能够自己利用助步器或拐杖在家里走几个来回，随着肌力、关节活动度和身体平衡能力的改善，他的生活自理能力也有了明显的提升，双下肢水肿的情况也由于按时服用利尿剂和身体活动增加而基本消失了。这些变化让我们感到非常开心的同时也获得了巨大的成就感。翁教授自己也多次向我们表达了他的感激之情，通过自身的经历他验证了居家护理和康复服务的价值和效果。

我们每个人都会经历变老，接受自己慢慢老去可谓是人生的必经之路。退休、患病都是不断在给我们的人生做减法，变老意味着体力下降、逐渐失去生活自理的能力，进而对生活质量造成影响。对于长辈，我们应该反思一下他们内心的想法，找到可以通过行为的改变和系统化的护理干预，帮助他们改善健康的机会，让他们持续拥有自主的居家生活。作为专业的居家护理团队的成员，看到翁教授的改变，也让我们的工作充满了成就感。

一位护士在整合型护理的心路历程

2022 年 5 月我加入了博组客这个大家庭，第一次接触了解到奥马哈评估系统。刚开始培训的时候，我感觉对这个系统比较迷茫和纠结，尤其是认知—行为—状态评分需要说明原因来支持这个要求。后来通过自己写案例，慢慢对这个系统加深了了解并开始运用。

　　第一次运用奥马哈系统给长者提供上门服务评估，我遇到的第一位病患是被诊断为慢阻肺、高血压及脑梗后遗症的爷爷。当时爷爷刚出院两天，一直都是由老伴照护，家里配备了制氧机，我留意到吸氧管有点特别，不是单双腔吸氧管，于是我便询问了奶奶原因，奶奶告诉我给爷爷吸氧居然是把吸氧管直接放嘴里的。我突然意识到：中国现在有多少家庭是这种情况，子女上班忙碌，老人家互相照护，但他们这一代大部分人缺乏医疗护理知识，甚至有些老人家连字也不认识，老人家又怎么能得到更好更合理的照护呢？家庭式上门照护也许是未来的趋势了。我在练习写评估报告时，针对爷爷的情况写了 6 个问题，但在 76 个导向选用时就出现困惑了，个别问题导向里并没有我理解的清晰的定义，还有认知—行为—状态评分这部分对我来说也是个挑战。因此，完成第一份报告我花费了不少时间。有了第一次经验，我慢慢发现有些问题是共通的，解决措施也类似，可以相互借鉴，后面的长者评估和生成评估相对就轻松些了。

　　奥马哈系统在居家护理上的运用，和我原来医院工作时的评估系统虽然不太一样，但也有共通的地方，两者主要在描述定义上有些差别。我的感觉就是写一份奥马哈的评估报告时，护士需要结合个人专业经验对长者的健康问题和原因进行深入的理解、分析和评估，然后制定合理的方案措施。在照护的过程中，照护的方案还可以依据长者健康改善的情况调整，而国内的评估方式基本是简单的打钩。奥马哈系统很注重长者的心理健康及个人的自理能力，这点和国内是有区别的，我想这也是整合型护理发展和建立在与病人的关系和照护成果方面的特色。对于我来说，如何客观鉴别长者在认知—行为—状态的评分和成果改善的评定，我还需要在日后工作中慢慢摸索学习。

中国老龄化形式越来越严峻，每个人都会老去，如何提高长者自理的能力，有尊严地走完余生，这是每个人都需要思考的问题，我们作为居家养老工作者，更应从长者的需求出发，更应深思！

长期照护中如何与家人维持良好的关系

长期照护是一份 24 小时全年无休的工作，因此在家庭中承担照护工作的人非常辛苦，承受着巨大的身心压力。如果被照护者是一位要求很多又固执的长辈，长期照护工作就更具挑战性了。家人与被照护者之间建立良好的关系，双方能互相理解和体谅，可以减少误会和减轻照护压力。

讨论和界定照护的工作范围：长期照护工作并没有所谓的合格标准，而正因为没有标准，在照护初期，照护者常常因为想要做好每一件事而搞得自己精疲力竭，不知不觉中对被照护者的要求便没有好脸色，被照护者也会有所察觉而紧绷神经。另外，时间久了，被照护的长者觉得照护者的付出都是应该的，一旦没有达到他/她的要求，长者便会有怨言或者产生负面情

绪，这使双方的关系趋于紧绷。为了避免陷入这种状况，建议
双方最好先就长期照护者可以做到什么程度以及被照护者期待
的照护程度进行讨论，找到彼此都可以接受的最舒适的模式。

制定一个共同的目标：长期照护的主角是接受照护的长辈，
照护者应该充分了解长辈的性格、嗜好及想法等，邀请长辈一
起参与制定长期照护目标，例如，尽可能地帮助其重建自主的
生活，协助其建立人际关系等。双方按照这个目标共同拟订长
期照护的计划。

鼓励、笑容和感谢：对被照护的长者而言，接受别人的帮
助会给其带来心理上的负担。要长者们以不卑不亢的态度来接
受协助，或许是一件比去协助他们更为困难的事情。照护者在
与长者互动的时候，多微笑并给予鼓励，同时长者也适当地向
照护者表达谢意，这样做不但可以拉近彼此心灵之间的距离，
促进彼此之间融洽相处，而且能够减轻长期照护所带来的压力。

家人的关怀永远都是长者最有效的营养剂和"特效药"。积
极营造和谐的长期照护关系，双方相互体谅、心意相通，可以
让长者更有尊严地生活，也有助于提高双方的生活质量。

第三部分

照护之源

第八章
还是从《人类的善意》一书说起

世界本身就是多姿多彩的，有善有恶，分型交织，而且善恶并不是一成不变的，一个好的社会就是要鼓励人们扬善抑恶。这是我们做很多事业的社会伦理基础和价值观基础，照护事业也毫不例外。

荷兰有一位年轻的学者名叫鲁特格尔·布雷格曼，他在几年前出版了一本重要的著作——《人类的善意》，这部著作被华东师范大学著名的教授刘擎先生称为"一部反潮流的大历史著作"。之所以如此评价，是因为在此前的诸多学术流派与著作中，普遍否认了人类的善意本质，而是秉持着人类自私且追求个人利益最大化的观点，这一立场在生物学、历史学、心理学、经济学、社会学及政治学等多个领域均有所体现。布雷格曼则认为：

"全面考虑了……最新证据后，我们只能得出这样的结论：人类几千年来一直都在错误的自我形象的指引下前行。多少年来，我们一直认为人类是自私的，每个人都是禽兽，甚至还要更坏。多少年来，我们一直认为文明只是一层极其脆弱的外壳，哪怕是一丁点挑衅也会把它撕裂。现在我们知道，这种人类观和对历史的看法，都是完全不现实的。"

人性恶，长期以来占据着西方各种学术的主流。回看人类的历史，万年以来，充斥着各种各样的灾难、屠戮和绵绵不绝的悲歌。在这个世界里，一方面是人类的进步，财富的增长和生存条件的改善阳光之态；另一方面是政治强权、极端言论、各种仇恨、贫富差距、社会分裂、家庭弱化的空前恶化状态。尤其是两次世界大战，使人类经受了空前的浩劫，人性之恶似乎一直困扰着整个世界。第二次世界大战之后，学者西奥多·阿多诺写道："奥斯威辛之后，写诗是可耻的。"而英国生物学家理查德·道金斯更是在其 1976 年出版的《自私的基因》一书中，将人性之恶描绘成刻写在骨子里的"自私"。

在性善还是性恶的问题上，东方的古典哲学并非像西方那样以性恶的学说占主导地位。中国古典哲学中占主导地位的儒家学说，比如孟子，是主张性善论的，这也是国人熟知的"人之初，性本善"。而以荀子为主导的学说主张性恶论。孟子认为，人皆有恻隐、羞恶、辞让、是非之心，即有道德的萌芽，但需要培养扩充。荀子则把恶归于性，把善归于习。意思是人欲向善，是需要长期学习和培养的。不管怎么说，中国的古典哲学更倾向于自然主义的意识形态，承认人性有善有恶，但可以变化，同一个人也可以时善时恶，给人们向上为善留下了哲学的空间。

毫无疑问，西方文明在很大程度上确实是植根于深深的"罪感文化"。我们熟知的那些历史名著，从古希腊、古罗马，到马基亚维利的《君主论》、霍布斯的《利维坦》，大多是在讨论"罪恶"的问题。甚至新教改革家约翰·加尔文总结到"我们的天性不仅毫无善良，且无力向善，而且不遗余力地结出了各种各样的邪恶之果"。抛开基督教原罪理论，这样的结论也不得不说使人沮丧。那么，布雷格曼为什么要论证人类的善意呢？他的著作在当下又有什么样的意义呢？

布雷格曼花费了大量的精力去寻找人性底层善良的证据和传承，最为经典的是，他在自己的著作中提到了"人"的两个十分特别的进化特征："脸红"和"眼白"，人是唯一会"脸红"的灵长类哺乳动物，也是唯一眼球中有"眼白"的哺乳动物，这两个生物特征意味着人具有天生的同情心、羞耻心和关注同类的本能。他列举了一个例子：

试着想象一下，有一架飞机失事紧急降落，着陆后断成了三截。机舱里浓烟滚滚，飞机上的每个人都意识到：必须离开这里。那么接下来将会发生些什么呢？

在 A 星球上，乘客们纷纷询问邻座的人有没有受伤。那些需要帮助的人第一时间被救出了飞机。人们愿意献出自己的生命去救助他人，哪怕面对的是完全陌生的人。

在 B 星球上，大家为了自身安全各自匆忙逃离。于是恐慌爆发，出现了推搡和踩踏现象。一些儿童、老人和残疾人被踩在了脚下。

现在的问题是：人类今天生活在哪个星球上？

他说，现实主义者可能认为，有 97% 的人会选择我们生活在 B 星球上。但事实上，几乎所有的人都选择我们生活在 A 星球上。现实当中，"泰坦尼克号"沉船事件、欧洲人拯救犹太人，甚至"9·11"恐怖袭击事件中人们礼让着有序地撤离，等等。在这些重大的灾难面前，人的行为和选择一直在散发着善的光芒。因此，布雷格曼主张的是新现实主义，他认为人类的善意只能从新现实主义出发，去挖掘、去肯定。因为，人类在动物界生存下来、发展起来，很大程度上靠的是人与人之间的信任，只有人会红脸，只有人有眼白，并且通过眼白透露了视线和关注点的方向，这些都是人与人之间交流的特定情感，注定了人类是"最善良的物种"。布雷格曼甚至认为，人类是情感"真空吸尘器"，总是能吸纳别人的情感。试想，小说和电影能够轻易地让我们笑，让我们哭，这种感知他人痛苦和快乐的奇妙本能，可以帮助人与人之间走得更近，这个世界需要的是更多的同情心。

值得一提的是，《人类的善意》一书中，作者提到了我们的合作伙伴——荷兰的博组客公司。布雷格曼说"我一直渴望与乔斯·德·布洛克见上一面。我曾经读到过他的居家护理机构博组客（Buurtzorg）成功的故事。我有一种预感，他将会成为新现实主义的倡导者之一，或者说他将会成为一种全新的人性观的代表人物"。博组客作为欧洲最成功的居家照护机构，与其领航人的价值观是息息相关的。这家公司在全球雇用了1.4万人，公司的代表人物布洛克先生也曾5次被选为荷兰年度最佳雇主。2022年，新生活公司与博组客公司相遇，我们的价值观如此相近，我们需要做的事情如此一致，于是，我们在广西成立了一家与博组客合资的"新博公司"，专攻居家照护业务。

《人类的善意》要解决的根本问题就是一句话，即消除"人是自私的"这样一种误区。布雷格曼用大量的实际调查、案例和研究否定了这种根深蒂固的偏见。其实，只要你细致地观察周围的生活和社会，你会发现"利他"是一个普遍的事实，而非一个稀有的世界，也没必要为"利他"这种现象感到奇怪。另外，关于"利己"和"自私"是有重大区别的，把近乎中性的"利己"都归为自私，这无形当中扩大了"自私"的范围。正所谓"以恶的眼光看世界，满地都是恶棍；以善的眼光看世界，到处都是圣人"。世界本身就是多姿多彩的，有善有恶，分型交织，而且善恶并不是一成不变的，一个好的社会，就是要鼓励人们扬善抑恶。这是我们做很多事业的社会伦理基础和价值观基础，照护事业也毫不例外。

《人类的善意》反复提醒我们，绝大多数人在内心深处其实都是很正派的、很善良的，如何理解这一点呢？北京大学哲学系教授刘华杰先生在这本书的序中举了一个例子："在当代，诈骗的案例并没有减少，而且受骗与受教育程度关系不大。这世上有谁没有被欺骗过？人为什么会被拙劣的骗局欺骗？骗局有千万种，多数人被骗不是因为傻，而是因为心地善良。"也许接受你偶尔会被欺骗这个事实，这只是用来换取对他人的信任的一个小小的代价。韦草智酷创始人段永朝先生在本书的序中以"承认善有多难"为标题，赞扬了布雷格曼这位85后的年轻人，用30万字的篇幅，来阐释什么是"善"，我们要看见"善"，更要承认"善"！

布雷格曼宣布"新自由主义登场了"。为此，他提出了警告：第一，为人类的善良挺身而出，就等于要与邪恶对抗，因此，我们要有智慧和勇气。第二，捍卫人类的善良，意味着要经受住嘲笑风暴的冲击。他说："一个理想主义者，哪怕终其一

爱护宁

生都是对的，但也仍然会被认为是幼稚的。本书的目的就是要
改变这一点。因为在今天看起来似乎是不合理的、不现实的、
不可能的事情，明天就可能会变成不可避免的。"

108

第九章

「我的天职就是爱」

特蕾莎修女跨越了宗教和种族的界限，她实际上已经是道德力量的化身，她通过自己的行动，证明了人性仍然可以充满美和善，仍然可以充满希望。

1979 年 12 月 10 日，挪威首都奥斯陆某大礼堂正在进行诺贝尔和平奖的颁奖典礼。在人们热切的期盼中，一位身材瘦弱矮小的老妇人，激动而安详地走上这个令全世界瞩目的领奖台。她，就是特蕾莎修女。在授奖仪式上，特蕾莎说："我以穷人的名义接受这笔奖金。"获奖后，她卖掉了奖章，并将这笔钱及 19 万美元的奖金，全部捐赠给贫民和麻风病患者。这就是特蕾莎修女——穷其一生为那些贫穷的人当中最贫穷的、最孤苦的、最可怜的人奔波服务的伟大女性。

特蕾莎修女一生当中获得过无数的荣誉。有学者说，她是世界上获奖最多的人，据不完全统计，特蕾莎修女大概获得过 80 项荣誉和奖励。比如：1971 年 "Popejohn23 世" 和平奖、肯尼迪奖、1975 年 "Albert Schweitzer" 国际奖、1985 年美国总统自由勋章、1994 年美国国会金牌、1996 年美国名誉公民，许多大学的名誉学位，等等。其中最高的荣誉要算 1979 年获诺贝尔和平奖。她被誉为继 1952 年史怀泽博士获得诺贝尔和平奖以来，最没有争议的一位得奖者，也是 20 世纪 80 年代美国青少年最崇拜的 4 位人物之一。她创建的仁爱传教女会拥有 4 亿多美元的资产，世界上最有钱的公司都乐意无偿捐钱给他，她管理着巨大的财富，但是，她去世的时候，个人物品只有一双拖鞋和几件旧衣服。

1910 年 8 月 27 日，卓娜（Drana）和尼柯拉·波亚鸠（Nikola Bojaxhiu）的第三个（也是最后一个）孩子来到了人世，为这个女孩取名为阿格尼丝·龚莎（Agnes Gonxha），她就是后来的特蕾莎修女。阿格尼丝出生在马其顿的斯科普里（Skopje）小城。马其顿位于巴尔干半岛中央，隔着亚得里亚海与意大利相望。这个地方当时还属于奥斯曼帝国的科索沃省，后来属于南斯拉夫，现在属于马其顿共和国。阿格尼丝出生时，巴尔干半岛上居住着各种不同的种族，使她形成了一种独特的民族性格：执着和吃苦耐劳。阿格尼丝童年时父亲早逝，他们三个孩子全靠母亲辛勤抚养长大。她的家庭是传统的天主教家庭，阿格尼丝在高中毕业后就被在印度的修女组织罗雷多修女会所吸引。十八岁的她坚定地做出了人生重大选择，她选择离开家去当修女，而且要去印度的罗雷多修女会所工作。1928 年 11 月，阿格尼丝在爱尔兰上船，经过 7 个星期的航行，终于在次年的 1 月到达了孟加拉湾的加尔各答。在罗雷多修道院，阿格尼丝获得了她作为修女的圣名："特蕾莎"，从此以后，她就是特蕾莎修女了。修道院有一所女子中学，特蕾莎修女在这所学校担任老师，她是孩子们的地理兼历史老师。

　　特蕾莎修女在修道院的中学任教 17 年，从一个教员一直做到了校长。这 17 年当中，她发现修道院与外面的世界截然不同。走出修道院，街道上到处都是无家可归的人，有匍匐着的、有病重的、有残废的、有被抛弃的、有饥饿的，还有垂死的……她一次又一次地被这些贫穷、饥饿、疾病盛行的情景震惊了。于是，她向修道院院长请求利用业余时间去为这些可怜的穷人们服务。开始，特蕾莎修女带着她能找到的一些食物、药品奔走在加尔各答的街头，她亲自为那些穷人包扎、分发食物。但有一件事使特蕾莎对服务穷人有了更深的认识。那天她从街头带回来 24 个女孩，希望可以让她们接受教育学习知识。出乎意料的是，那些习惯在街头流浪的孩子居然全跑了，她们根本就过不惯修道院的生活。特蕾莎这才意识到要想为穷人服务，就必须走出高墙，让自己也变成一个穷人，否则，这种服务只会给人们一种居高临下的施舍的感觉。我们知道，任何人都不喜欢被施舍。特蕾莎决定更进一步：走出修道院，专门从事为穷人服务的事业。

经过教会内部复杂的程序，特蕾莎终于获得了既可走出修道院，又保留修女身份的条件，可以出去专门从事帮助穷困人们的各种服务工作。1948 年 8 月 18 日，修道院的门在特蕾莎的身后永远地关闭了。她平生第一次感到自己就如同在波涛汹涌的大海上四处漂流的一条小船，她没有钱，没有藏身之处，也没有固定的工作，但是她下定决心要帮助穷人，从事自己选择的"小事"。她知道，要服务于穷人，就必须具备必要的医药和护理方面的知识。于是她专门找到一家由美国医疗传教会开设的医院，学习医疗护理的知识。然后，她在加尔各答进入了一个叫摩提吉的贫民窟，跟那里的穷人一起居住和生活，以各种方式帮助穷人和病人，这当中的各种故事可就太多太多了。

1948 年 12 月，特蕾莎修女在贫民区创立了一所儿童学校。1950 年 10 月，特蕾莎修女又创立了仁爱传教修女会。从此以后，仁爱传教修女会是特蕾莎修女从事各种各样的慈善工作的主要机构。1954 年的一天，特蕾莎修女在坐火车的途中看见路边的大树下坐着一个流浪汉，看样子马上就要死了。火车没办法停下来，特蕾莎修女只能在下一站下车，然后又赶回去。等到她满头大汗地赶到那个流浪汉面前的时候，流浪汉却已经死了。她呆呆地站在那里，她想，如果有人能在他临终前陪陪他，和他说说话，那么，他就不会死得那么孤独、那么凄凉。

于是，她决定建立一个临终关怀院，先在摩提吉贫民窟开设。可是修女是没有钱财物资的，最后在他人的资助下，特蕾莎修女租下了一间简陋的屋子，专门为临终的人提供关怀服务。房子确实很简陋，但是对这些平民百姓来说，有爱的地方就是天堂。随着临终关怀院处理的事务越来越多，关怀的人越来越多，人们出现了争议，有人认为，最要紧的还是要帮助活着的人，而为那些即将死去的人服务，是白白浪费资源。特蕾莎修女说："那些即将死去的人，同样是生命，他们的生命一样尊贵，他们也有权获得相应的尊严，因为他们也是上帝的子民。每个人的生命都是尊贵的，每个人都很重要，不管他是身患疾病，还是残缺的、垂死的。"

特蕾莎修女除创建了仁爱传教修女会和临终关怀院外，还创立了其他类似麻风病人诊所等慈善关怀组织。从 20 世纪 50 年代开始，一直到六七十年代，特蕾莎修女创建的仁爱传教修女会和临终关怀院在印度各地获得了很大的发展。到 20 世纪 80 年代，已经有数千名修女投入特蕾莎修女的关怀穷人、帮助有需要的人、奉献人间互爱的事业当中。特蕾莎修女逝世时，仁爱传教修女会已在 127 个国家开办了 600 多所会院，共有修女、修士 7000 多人，其中修女 4500 人，分别来自 111 个国家。大多数修女来自印度的中产阶级，有的甚至是出生于婆罗门阶层的贵族小姐。在我国的台湾和香港地区，也出现了特蕾莎修女们的足迹，他们在 20 世纪 70 年代也在这些地方开办了为穷人服务的会所。

由于特蕾莎修女在全世界的影响力日益提升，她先后几次被推荐为诺贝尔和平奖的候选人。查阅历史资料，我发现，在推荐特蕾莎修女作为诺贝尔和平奖候选人的众多推荐词中，世界银行总裁麦克拉马拉的推荐语十分精辟，他说："特蕾莎以最根本的方式，特别肯定人性尊严的不可侵犯，增进了世间的和平。""比她的工作组织机构还重要的是，她所传达的信息，那就是真正的和平并不仅仅是不含恨，还应该是一种从人人以正义、怜悯相待的社会秩序中所散发出来的祥和。"在特蕾莎获得诺贝尔和平奖之后，有媒体记者问到她："我们怎样做才能促进世界和平？"她说："回家，并爱你的家庭。"

特蕾莎修女跨越了宗教和种族的界限，她实际上已经是道德力量的化身，她通过自己的行动，证明了人性仍然可以充满美和善，仍然可以充满希望。大家都看到了，她没有高深的哲学，也没有华丽的辞藻，只是用诚恳服务和有行动的爱，来医治人类最严重的病源：自私、贪婪、享受、冷漠、残暴、剥削等恶行，也为通往社会正义和世界和平，开辟了一条新的道路。在这里，我不得不引用她说过的那些发人深思的话：

"即使你是诚实的和率直的，人们可能还是会欺骗你，

不管怎样，你还是要诚实和率直。

人们经常是不讲道理的、没有逻辑的和以自我为中心的，

不管怎样，你要原谅他们。

即使你是友善的，人们可能还是会说你自私和动机不良，

不管怎样，你还是要友善。

当你功成名就，你会有一些虚假的朋友和一些真实的敌人，

不管怎样，你还是要取得成功。

你多年来营造的东西，有人在一夜之间把它摧毁，

不管怎样，你还是要去营造。

如果你找到了平静和幸福，他们可能会嫉妒你，

不管怎样，你还是要快乐。

你今天做的善事，人们往往明天就会忘记，

不管怎样，你还是要做善事。

即使把你最好的东西给了这个世界，也许这些东西永远都不够，

不管怎样，把你最好的东西给这个世界。"

特蕾莎修女出走修道院，开始为贫民穷人提供服务时，选择的是印度。当时的印度属于发展中国家，相对比较落后，主要是帮助穷人解决物质上的贫困。但是特蕾莎的事业在蓬勃发展之后，在许多发达的地区、发达的国家也同样广受欢迎，令人瞩目。这是为什么呢？对于现代化、工业化、城市化之后，

115

人们需要提供的服务，特蕾莎修女也有她深刻的认识："世界上有很多人在渴望着一小块的面包。但是更多的时候，人们渴望着那一点点的爱。西方世界的贫穷是一种与众不同的贫穷——不仅是因为孤寂而贫穷，也因为心灵的贫乏和精神的困顿而贫穷。我们从而明白，被人遗弃才是最严重的疾病，才是当今世界的真正贫困。"

这些认知来自她的见闻：有一次，她和修女们到纽约去探访一户人家，进门之后，她们才发现住在里面的老妇人已经死去很多天了，而她的邻居甚至连这个老妇人的姓名都不知道。还有一次，特蕾莎修女走在伦敦一条繁华的大街上，偶然间，她看见一个年迈的老人正低头坐在街边。修女本能地走过去，握住了老人的手。经过一段时间的沉默之后，老人抬起头来，特蕾莎修女看到这位老人竟然泪流满面！这位老人说："我从来没有握过一双这样温暖的手。"经过这件事，特蕾莎修女说："在英国，人们所受的苦是寂寞和被人遗弃的苦，和食物无关，却和人的兴致与热情有很大关系。跟加尔各答的穷人比起来，他们是生活在另一种贫困中。"这些话多么适合今天的中国！中国在城市化、工业化之后，人们感受到的真正的贫困，可能并非物质上的贫困，而是来自精神上的贫困，家庭弱化后的亲情上的贫困，以及老龄化后的照顾上的贫困。

特蕾莎修女用50多年的时间，为我们塑造了一座丰富的仁爱精神丰碑。在她创立的这座精神宝库中，有两点特别值得我们汲取和发扬：

其一，人类应该充满爱，人要有爱心，要有勇气，要有毅力，向周围的人去奉献这种爱。她说上帝创造人的目的就是——爱与被爱，"除了贫穷与饥饿，世界上最大的问题是孤独与冷漠……孤独也是一种饥饿，是期待温暖爱心的饥饿。物质的缺乏比较容易解决，但今天多的是心灵贫乏和寂寞孤独的人。所以，你们应该去找这些心灵贫乏者，哪怕只是给他们一个微笑，一个握手，一句安慰的话，甚至一个拥抱，都能填满他们空虚的心灵""很多人都想要追求卓越，但很少人知道卓越就是爱""爱的种子必须亲手撒出，而且每次让我们不单满足于金钱上的施予，金钱是不足够的，金钱是可以赚取得来的，他们需要的是你的爱心"。在她的晚年，她不止一次地说道：不要管我们做了多少，而是要看我们投入了多少的爱。不要问我们付出了多少，要问我们付出了多少爱。

其二，爱源自那些微小的事，源自家庭。特蕾莎修女说："爱表现在为他人设想，善待他人，与别人分享喜悦，爱透过日常细微的事情表现出来。透过一些微小的事才能表达彼此之间深切的爱：也许只是嫣然一笑，也许只为对方提一桶水，也许只是在席间多为对方着想……这是何等微小的事。"她不赞同只做大事，在她看来，每一个人才是最重要的。她坚定地认为，爱源自家庭。她说："今天的世界，每一个人都极度忙碌，渴求更大的发展和追求更多的财富等，以致做子女的腾不出时间去关怀父母，做父母的也没有时间彼此关心。这招致家庭生活瓦解，直接扰乱着这个和谐的世界。能够彼此真正相爱的人，是

117

世界上最幸福的人，而我在最贫困的人身上看到了这份爱。他们爱自己的子女，爱自己的家庭，他们虽然贫乏，甚至一无所有，但他们生活快乐。"

1997 年 9 月 5 日，特蕾莎修女在印度加尔各答去世，享年 87 岁。分布在全世界各地的 600 多家仁爱传教会的分会里，挤满了前来吊唁的各类肤色的民众。全世界几乎所有的国家首脑和政要都发来了唁电，用不同的语言，表达了他们对这位仁爱天使一致的哀悼和崇敬。印度为她举行了盛大的国葬。她的墓碑上镌刻着她对世人的教诲："因为我爱你们，你们也要爱彼此。"

第十章

行最大的善：实效利他主义

人必将老去，人会有病患痛苦，但人的尊严是神圣的，是必须得以维护的，是神圣不可侵犯的，所以，我们必须为了人类的尊严，寻找照护事业的价值观和理论基础。

两次世界大战之后，人类在遭受浩劫后的环境中重建。西方国家的慈善事业获得了迅速的发展，这与他们的宗教信仰文化有密切的关系。欧洲国家自古就有慈善济贫的历史传统。赵浩华教授在《欧洲福利国家制度变迁研究》一书中说：《圣经》中多次强调要善待穷人，《旧约·箴言》里就有这样的描述："你手若有行善的力量，不可推辞，就当向那应得的人施行；怜悯贫穷的，就是借给耶和华，他的善行，耶和华必偿还；周济贫穷的，不至缺乏；佯为不见的，必多受诅咒。"

基督教的教义中还体现了给予、慈爱、爱人如己、公正与公平、善待穷人、尊重爱护人等慈善思想。基督教慈善思想的核心是给予，包含给予物品、钱财，甚至拯救别人而付出自己的生命。因此，耶稣之死，是上帝的给予，而耶稣延续了这种给予：献出了自己的生命。在基督教教义中慈善是无条件的、不计回报的。因此，在官方的济贫法制度出现以前，基督教会是最早的慈善发起者。虽然政府也在一定程度上承担了对穷人的救济责任，但客观上来讲，基督教的慈善机构才是救助贫困人群的主要力量。这种宗教慈善传统在欧洲国家一直存在着，人们信奉上帝，同时又谨遵教义、乐善好施，对诸如穷人、乞丐、残疾人等一些需要帮助的弱势群体伸出援助之手。

到了中世纪后期，随着欧洲经济社会的转型，贫困和流民问题逐渐影响欧洲社会的稳定和发展，民间慈善救济逐渐发展起来，其中由教会组织的慈善救济成为主要的救济方式，具体的执行机构就是修道院的施舍所，这种施舍所是欧洲最古老的慈善救济机构之一。在基督教慈善理念的促使下，欧洲许多国家政府完善了福利制度，关怀社会中的弱势群体，促进了慈善事业的发展。

然而，虽然慈善机构很多，发展得也很快。但是带来了很多问题，其一，很多慈善捐助行为被认为是因为某些特定的事件（如自然灾害）或者特定的宣传，所感动而一时作出的情感性的行为。其二，一个很大的问题是，几乎没有慈善机构能够透明到足以让捐款人知道，捐出的款项确实真正用到了需要用的地方。于是，从 20 世纪 70 年代开始，在国际上逐渐流行一种慈善观念和方式，即"实效利他主义"。

为什么我们在讨论照护的精神世界和文化源泉的时候，会涉及实效利他主义？我们来看看实效利他主义的理念和具体做法：

首先，实效利他主义是一种新的、符合现代社会的观念。它看重的是：我行的善，我做出的行动，我捐的款一定是切实有效的。从而避免因为单纯的一时冲动，或者热心肠，或者被某些宣传带动而感情冲动作出决定。实效利他主义强调人们在理性的情况下做出行善的选择。澳大利亚籍美国普林斯顿大学生物伦理学教授彼得·辛格专门撰写了一部著作：《行最大的善：实效利他主义改变我们的生活》，他用大量的案例来阐述现代世界上风行的实效利他主义的行善情况，他认为："慈善是一个非常庞大的产业。单在美国就有将近百万家慈善机构，每年收到大约 2000 亿美元的善款，此外还有 1000 亿美元捐给宗教会众。少数慈善机构所行的是彻头彻尾的诈骗，但一个更大的问题是，几乎没有机构透明到足以让捐款人判断自己是否真的在行善。之所以能筹得 3000 亿美元，主要是源于人们对慈善机构帮助人类、动物或是森林等景象所产生的情感反应。实效利他主义试图改变这一点，方式就在于为慈善机构提供激励，促使他们证明自身的有效性。"因此，"实效利他主义正在改变世界"。

其次，实效利他主义不仅仅是一个观念，更重要的是它是一种行动。你捐出一笔钱去做慈善，为此获得一份捐赠证书，跟你亲自去做善事，或者监督你捐出的钱如何运作，如何实现最初的捐赠目的，这完全是两码事儿。现在的慈善者喜欢自己组团，或者建立互联网平台，对准特定需要帮助的目标，进行捐赠并且评估捐赠的效果。这种做法有点"精准行善"的意味——亲自、直接、参与，这些行为都是现代行善的普遍行为。在我国也有精准行善、精准扶贫的做法，比如：资助特定的贫困地区某些学生上学，向某些特定扶贫项目捐款，都是这一类实效利他主义的范畴。想一想，当初特蕾莎修女是不是也将行善变成了直接的行动？

最后，实效利他主义可能会逐渐成为人们的一种生活方式。在实效利他主义的行善方式中，每个人都可以因人而异地做出灵活的选择。实效利他主义者并不一定都是高收入的人群，薪水的高低也不是行最大的善的决定性因素，最重要的因素在于一个人如何支配自己的收入，也就是说重要的是为自己选择怎样的生活方式。有些人并没有从事高薪职业，但是他也有帮助他人的想法，他能够在帮助他人的同时，实现自我价值，并为此感受到真正的快乐。这就是实效利他主义的意义所在。

　　实效利他主义在当下的意义是，他能够将利他、慈善、帮助别人等行善的行为，与每个人的生活态度结合起来。在当今社会，人们受教育的程度越来越高的状态下，人们会主动意识到利他的重要性，因为随着知识和见闻的增加，人们会设身处地为别人着想。这就是"移情"（Empathy）在起作用，彼得·辛格教授说："驱动实效利他主义者行动的或许并不是爱，而是移情，也就是能够设身处地体会他人的感受或情感的能力。"甚至有学者认为，移情是我们这个时代的宏大主题，文明已将移情的范围扩展到了家庭和共同体之外，以使它能够覆盖全人类。

　　综上，从布雷格曼《人类的善意》，到特蕾莎修女作出的伟大实践，再到现代化社会下实效利他主义的盛行，我们完全有理由相信人类的未来。而照护事业就是与人类的未来息息相关的事业。我们在本书中已经反复强调，人必将老去，人会有病患痛苦，但人的尊严是神圣的，是必须得以维护的，所以，我们必须为了人类的尊严，寻找照护事业的价值观和理论基础。

第十一章

怀大爱心做小事情

您需要 我就在。

　　爱、善、利他，这些人类的同情心情绪是可以传染的。同样，这些正向的积极情感也可以被提升到理性的价值观和精神世界层面，并且用制度性的安排，使它成为企业组织的核心价值。20多年来，新生活公司正是在这方面进行了有益的实验和探索。

　　早在22年前，新生活公司诞生的时候，公司的创始人就提出"怀大爱心做小事情"。也许，在人们看来，当时的这种价值观还是一句比较模糊的口号，但随着公司不断的发展，业务从家政到医院的医疗护理，再到居家的照护，"小事"不断在增长，不断在增添新的内容，这句口号也就不断被赋予新的含义。

　　什么是"小事"？特蕾莎修女提出的这个概念，实际上是一个相对的说法，也就是人在生活中必须料理的那些事情。为了生存维系生命，人必须有食物、有衣服、有住所，这是生存所必需的一些事情。为了保持健康的身心，人必须要得到必要的医疗医护、必须借助旁人的照料。人在老年或病患期间，从进食、行走、个人卫生，到阅读、交流、沟通、诉说想法等方面，可能都需要借助旁人，都需要其他人提供必要的照顾。其实，人在一老一小这两头，有许多的小事并不是小事，对每个人而言届时都会成为一件大事！这些事情初看起来似乎是琐碎的、日常的，同时与人类从事其他的重要活动，如工作、科研、发明创造、商业成功等建功立业的事情比起来，这些小事似乎确实是"小事"。但是，其实它们才是真正的大事！因为每一个人都要经历从幼儿到强壮再到衰老的过程，即"从摇篮到坟墓"。
而在一小一老这两个阶段，生活中的琐事往往与延续生命、生活
质量、人活着的尊严密切相关。它们还是"小事"吗？现在，对
我们国家而言，更直面的事实是，整个社会正步入老年化。我们
现在有一个新的说法叫"银发中国"，是指整个社会需要投入更
多的力量、资源，也需要更多的人来从事这些"小事"。

罗守贵和谈义良先生主编的《中国养老行业发展报告2023》
中披露：

根据2020年第七次全国人口普查，31个省份的老龄人口情
况及相较于2010年的变动情况，中国的老龄化不断向中、深度
发展。

一般而言，一个社会中65岁及以上老人占比超过7%则表
示该社会进入轻度老龄化社会，占比为14%~21%则表示进入中
度老龄化社会，超过21%则为重度老龄化社会。在全国31个
省、自治区、直辖市中，除西藏外，其他30个省份的65岁及以
上老年人口比重均超过7%的门槛。其中，12个省份的65岁及
以上老年人口比重超过14%，即进入中度老龄化社会。老龄化
程度居前五的省市分别为辽宁、重庆、四川、上海、江苏，这
些地区的65岁及以上老年人口比重均超过16%。而从老龄人口
数量来看，有11个省份的60岁及以上人口数超过1000万，16
个省份的65岁及以上人口数超过500万，其中6个省份的65岁
及以上人口数甚至超过1000万。

可以说，老人照护所需要做的那些"小事"，正在变成大事，甚至是国家必须采取相应政策和措施来应对的大事。但是，我们还是要以做好这些"小事"的心态，来完成这件大事。从宏观上说，这是一件大事；从微观上说，这是一件件包含了大事意义的"小事"。因此，我们必须做好这些与我们的生命、生存相关的"小事"，才能汇聚成一件大事，才能创造出社会的和谐、家庭的幸福、人生的价值。

什么是"大爱"？特蕾莎修女说的，"奔忙的脚步将永不停止"就是大爱。大爱必须是一种世界观和人生的最高价值观，它不是指一时一事做几件好事，而是始终对他人怀有善意，乐于助人，奉献其力所能及。大爱肯定能成就大的善事，但我们强调的是，更多的爱心体现在一些琐碎的、日常的事情上，这些爱意和行动能给别人带来心灵的安慰、生活的支持。一个人像上述提到的实效利他主义者那样，根据自己的能力来行善，并追求最好的行善结果，这肯定是大爱；而另一个人坚守自己的服务职业，始终如一地为自己的服务对象提供充满爱意的贴心服务，这也是一种大爱。我们在新生活公司创立之初，向全体员工传达的、要求的、培训的、表彰的就是后者这种大爱。

"怀大爱心做小事情"就是新生活公司的经营哲学，也是新生活公司的文化核心内涵，更是每个新生活人所信奉的最高价值观。20 多年来，我们的事业在发展中，使我们感到这个核心的价值观越来越重要。从家政到住院患者的护理，再到居家的照护，我们离不开爱的奉献精神，虽然我们还做不到像特蕾莎

爱护宁

修女那样，把爱作为自己的"天职"，但是我们也离不开这一精神源泉，没有"怀大爱心做小事情"这样一种精神，是做不好医疗护理和照护工作的。

爱永远是人类生命的源泉。我们这里说的爱，当然包括两性之间的爱，但是更多的是指对周围的人的爱，包括对自己家庭的成员的爱、对朋友的关注和爱、对社会上的需要帮助的人的爱等。不管是哪一种，只要给别人带来健康、快乐和幸福，就是一种爱。

有一种说法很有道理：人可能有两颗心，一颗是物质上的心，装在人的身体里；另一颗是你的心情，装在你的精神里。这两颗心是相通的，共同守护着人的身心健康和幸福。其实这样的说法也有一定的科学依据，因为人的身体里面除了细胞、血液、器官组织、骨骼、神经等，还有一种决定人体健康的重要物质——"酶"。人的身体里有 5000 多种酶，每一种都有不同的作用。酶越丰富，生命体就越充满能量，也就是越能提高免疫力，人的健康水平也就越高。而酶的产生有两个渠道：渠道之一是物质，通过食物产生；渠道之二就是精神，人在精神愉悦时会产生大量的酶，这对人的身体健康特别有益。

所以，付出爱、传递爱、接受爱都会使人在精神上获得安慰、宽慰和愉悦，对人的身心健康特别有益。不仅仅是被爱的一方，付出爱的一方也会获得愉悦，让世界充满爱，社会将更健康，人也将更健康。

第四部分

银发之重

第十二章

我们赶上了『未富先老』

对于一个拥有数亿老年人口、数千万失能老人的国度来说，当前所拥有的养老机构和床位资源显然难以满足需求。因为，我们必须探讨出新的模式、摸索出新的道路，以解决中国面临的养老问题。

　　银色经济，也称为银发经济，是人类社会发展的必然。首先我们要明白，人口老龄化并非代表社会老化，或者意味着社会发展的衰落。恰恰相反，它代表了社会的进步，代表着社会进入更高的发展阶段。农业社会解决人的温饱问题，这个阶段国民的平均寿命应该是在 50~60 岁；工业社会解决发展问题，这个时期人的物质生活开始丰富，国民的平均寿命达到了 70~80 岁；现在人类社会正在逐步进入科技时代，这个阶段是科技（特别是人工智能）发展迅速和大健康机制逐步健全的社会阶段，国民的平均寿命可以达到 90~100 岁。长寿时代，百岁人生的现象越来越多。

　　然而，观察一个国家人口老龄化的社会状态，除了看绝对的人口年龄数据，还要看其他的相关值（见表 12-1）。

表 12-1　主要发达国家人口老龄化时间表和相关数据比较（2020 年版）

OECD 主要国家均值	美国	德国	日本	中国	世界
初级老龄社会（65 岁+，7%）；人均 GDP（2010 年基期价格）≥1 万美元；总和生育率均值 2.76（2.2~3.7）；国民平均预期寿命≥70 岁；卫生支出占 GDP 的比重为 6%；劳动力市场以机构就业为主	1950 年	1950 年	1971 年	2000 年，人均 GDP（2010 年基期价格）0.17 万美元；总和生育率 1.6；国民平均预期寿命≥71 岁；卫生支出占 GDP 比重≥4.5%	2005 年

OECD 主要国家均值	美国	德国	日本	中国	世界
过渡期	64 年	22 年	24 年	22 年	35 年
深度老龄社会（65 岁 +，14%）；人均 GDP（2010 年基期价格）≥2 万美元；总和生育率均值 1.76（1.4 ～ 1.9）；国民平均预期寿命 ≥ 75 岁；卫生支出占 GDP 的比重为 9%；劳动力市场出现灵活就业	2014 年	1972 年	1995 年	2022 年，人均 GDP（2010 年基期价格）1.1 万美元；总和生育率 1.3；国民平均预期寿命 ≥ 77 岁；卫生支出占 GDP 的比重 ≥ 7%	2040 年
过渡期	16 年	36 年	11 年	13 年	40 年
高度老龄社会（65 岁 +，20%）；人均 GDP（2010 年基期价格）≥4 万美元；总和生育率均值 1.59（1.32 ～ 1.88）；国民平均预期寿命 ≥ 80 岁；卫生支出占 GDP 的比重为 14%（2021 年）；劳动力市场出现家庭就业	2030 年	2008 年	2006 年	2035 年以前	2080 年

资料来源：转引自董家鸿、张宗久：《中国整合式卫生医护体系发展报告（2023）》。①预测人口比例数据来自 United Nations Department of Economic and Social Afairs，"World Population Prospects 2019"；②过往年份人口比例数据来自世界银行数据库；③平均预期寿命数据：1950 年数据为 1950～1955 年均值，来自 United Nations Databases，http：//data. un. org/；其余年份数据为当年数值，来自 World Bank Open Databases，hitp：//data. worldbank. org/。

正如表 12-1 所示，中国的情况有所不同，而且比较严峻。

首先，中国老年人口数量占世界老年人口总数的比例，已经超过了中国人口数量占世界总人口数量的比例。根据国家人社部发布的数据，截至 2014 年，我国 60 岁以上的老年人口就已经达到了 2.1 亿，占总人口数的 15.5%。2018 年，我国老年人口又提升到了 2.14 亿，占总人口数的 17.3%。2020 年，中国老年人口已经突破了 2.55 亿，所占百分比持续上升，达到总人口数的 20%。往后中国的老年人口还会大幅度地增加，预计在 2025 年我们的老年人口将会突破 3 亿，到 2035 年达到 4 亿！想想光一个国家老年人口就达到了 4 亿，比这个世界上很多国家的总人口还要多出很多，这将是一个多么大的社会问题，也会形成一个巨大的社会照护工程。

其次，中国社会人口老龄化发展的速度远远超出其他国家。根据联合国的统计，我们看到中国人口老龄化速度之快，已经达到了令人"惊讶"的地步。1990~2010 年，全世界各国老龄人口平均增长速度为 2.5%，而中国在同一时期就是 3.3%。许多发达国家的老龄化人口增长，步入老年社会，一般会持续很长的时间，至少也有几十年，有的甚至上百年。比如法国用了 115 年，美国用了 60 年，德国是 40 年，日本稍快一些，用了 24 年，而中国仅仅用了 18 年的时间就进入了老龄化。可以说我们是跑步进入老年社会的，这与 20 世纪五六十年代国家的生育政策是有关系的，60 年代是出生的高峰时期，现在大部分的老年人都是"50 后""60 后"。

最后，在世界上，尤其是在很多发达国家，经济的发展与人口老龄化的关系是相辅相成的，也就是说，它们的经济发展到比较高的水平时，才进入社会的老龄化。中国不是这样，中国不是"边富边老",更不是"先富后老",中国确实有点属于"未富先老"。在 2000 年前后,我国 65 岁及以上老年人的比例达到 7% 时,我们国家的人均 GDP 仅为 840 美元,而美国、日本等发达国家,老年人达到总人口的 7% 时,其人均 GDP 已经达到了 1392 美元和 1940 美元,显然差距巨大。另外,还有一个产业结构问题。我们知道步入老年化社会之后,第三产业也就是服务业必须占有很大的比重,但是在 2000 年,我国三大产业在 GDP 中的比例分别为 16.4%、50.2% 和 33.4%。其中第一产业农业所占的 GDP 的比例比日本高出了近 10 个百分点,第三产业服务业所占的 GDP 的比重比日本低了 10 多个百分点,三大产业发展不均衡,尤其是第三产业发展落后,也给如何应对老年社会增加了很大的困难。

想想看,在未来的十几年里,整个中国将有 4 亿多老人。这些老人分布在城市的各个小区、农村的各个村落。我们将如何筹划这些人的养老?是居家、居村养老,还是去养老院养老?有病了是去城市的医院,还是去乡镇的卫生院?而且,我国庞大的老龄化阶层还有两个其他的特点:一是传统家庭结构正在弱化,甚至解体。家庭成员之间的互相照料开始减弱。二是"空巢化"家庭越来越多,独生老龄化,甚至无后老龄化的现象越来越多。更令人忧心的是,我国失能老年人的人口数量之巨大,让人触目惊心:根据全国老龄工作委员会办公室统计的数据,2012 年我国失能老年人的数量为 3600 万,到 2014 年达到 3750 万。其中慢性病老年人从 2012 年的 0.97 亿人,增加到了

2014 年的 1 亿多人。截至 2014 年底，我国已经拥有了 4000 多万失能的老人，预计到 2030 年和 2050 年前后，我国失能老年人口总数将分别达到 6168 万和 9750 万人之多！在养老的问题上，似乎所有的困难都集中在了我国，人类社会历史上没有碰到过的许多困境，在我国都出现了。

所以，养老照护是一件非常重要的国家大事。

相比之下，由于经济发展和政策等各方面的原因，我们的专业老年护理机构是严重不足的。专业的养老机构或者太少，或者收费太贵，或者不具备医养结合的功能，解决不了失能或患有慢性疾病老人的问题而徒有其名。所以，目前更多的老年人还是在自己居住的社区居家养老。根据《2021 年度国家老龄事业发展公报》披露，截至 2021 年，全国共有注册登记的养老机构 42534 家，床位 503.6 万张（见图 12-1、图 12-2）。

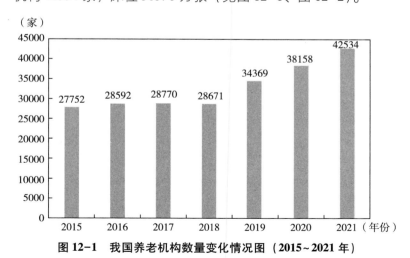

（家）

图 12-1　我国养老机构数量变化情况图（2015~2021 年）

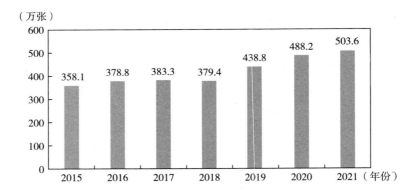

图 12-2　我国养老机构床位数量变化情况图（2015~2021 年）

　　对于一个拥有数亿老年人口、数千万失能老人的国度来说，当前所拥有的养老机构和床位资源显然难以满足需求。因此，我们必须探讨出新的模式、摸索出新的道路，以解决中国面临的养老问题。

第十三章

他山之石

从摇篮到坟墓，各有各的走法，也许历经坎坷后，殊途同归。

中国养老体系存在的问题

据权威统计数据，我国目前养老的体系呈现一种"9073"的格局，即老龄人口中的90%是居家养老，7%是社区养老，3%是各种机构的养老。在这种格局中，还存在以下几个问题：

第一，养老机构的床位严重不足。根据国家卫健委民政局的数据，截至2020年末，我国每千名老人所拥有的护理床位数量为31.1张。而民政部的《民政事业发展第十三个五年规划》中提出，到2020年，全国每千名老年人拥有的养老床位数量应该达到35~40张，目前离这个要求还有差距。而其他发达国家每千名老人拥有的养老床位数已经达到了70张。

第二，养老机构供求错位，床位存在供不应求和床位控制的矛盾状态。这主要因为我国现阶段的养老机构主要是政府组织的非营利性的救助性的养老机构和营利性的商业性的养老机构并存。其中政府组织的公办养老院价格较低，月平均费用在3000元以下。这类机构虽多，但规模小，服务水平差，尽管如此却出现了一床难求的情况。而有一定服务质量的商业养老机构，月平均费用在8000元以上，他们适应了一些高净值的客户，但无法匹配大多数老年人收入情况，导致这类养老机构的空床率比较高。

第三，也是最重要的一点，我们国家现有的养老机构均存在医疗卫生服务供给不足，医、养无法结合的情况。我们知道，现有的养老机构为老年人提供的服务主要是两类：一类是健康管理，另一类是医疗卫生服务管理。健康管理主要是通过提供各类健康检测、数据监测、生活保障设备、康复护理设备等条件，解决老人的健康数据采集、信息记录等问题。同时辅以人工的辅助，帮助老年人能够有质量地生活。但是，对于老年人有失能、患病、痴呆或者其他突发病情的情况，这类养老机构就缺乏服务和应对的手段。因为一般的养老机构缺乏医疗卫生服务的相关设施、人员和资质，同时国家的管理体系也分为两套体系，养老归国家的民政部门管，而医疗则归国家的卫健委管。如何打通这两套体系建立完善的切实有效的医养结合的养老方式是未来中国养老事业的重中之重。

第四，医疗护理人才严重缺乏，专业化程度也有待提高。据有关媒体透露，我国目前在养老机构中的护理工作人员总数还不足 100 万人，其中通过民政部的国家职业资格证书的养老护理人员，还不足 5 万人！而且从这些人员的学历、年龄结构来看，质量也无法令人满意，其中 40 岁以上的占到了一半，高中以下的学历人数众多。可以说，护理人员的数量和质量都远远落后于现实的需求。

表 13-1 为 2021 年中国养老机构基本情况。

表 13-1 2021 年中国养老机构基本情况

	公办养老院	一般商业养老院	高级商业养老院
费用	3000 元以下/月	3000~8000 元/月	8000 元以上/月
服务水平	员工少， 机构设备不完善	设备和服务 以经济舒适为主	注重居住环境的 高级感，设备先进
入住率	入住率高，基本满员	入住率高， 多数在 90% 以上	入住率低，30% 左右
特征	机构多，规模小， 一床难求	供不应求	存在床位空置的情况

我们不妨了解一下其他国家在养老照护、在医养领域的一些做法。

德国黑森林整合式医护（医养）模式

　　首先介绍一下德国的整合式医护体系和特点。根据董家鸿和张宗久先生编撰的《中国整合式卫生医护体系发展报告（2023）》，过去，德国医疗保障体系也呈现碎片化特征，公共卫生、基本保健、养老机构、住院服务在机构间明确分离。120多个医疗保险疾病基金会与各地区医师协会确定门诊服务的支付标准、与医院协会确定住院服务的支付标准，还有与医疗服务提供者直接结算，这种情况严重阻碍了整合式医疗服务的发展。从21世纪初开始，德国将整合式卫生医护体系作为其医改目标。2000年，德国《医疗改革法案》第一次明确提出了发展整合式卫生医护体系的原则，并规定各个疾病基金会和医疗服务提供者可以经过协商进行跨地区跨部门的直接合作。2004年，德国《卫生医护现代化法案》允许将疾病基金的1%作为启动资金（Start-up Funding），用于发展以价值为导向的整合式基本保健项目。删除了疾病基金会必须与地方医师协会签约的规定，鼓励疾病基金会与医疗服务提供者合作，签订"整合保健合同"和形成"整合保健网络"。同时，德国不断完善打包收费、按绩效支付和医疗项目管理方案等方面的制度建设，推动不同卫生医护部门之间实施整合。起初的整合式医疗项目仅针对几个适应症（如髋关节或膝关节手术），通常覆盖两个部门（如住院医疗和康复），偶尔包括三个部门（如住院医疗、康复以及手术前后的门诊医疗）。

2015 年，德国《卫生保健加强法》强调卫生医护服务的可及性和质量，并再次为整合式保健改革提供资金支持，鼓励针对特殊人群或疾病构建区域型整合式医疗保健项目。此后，德国出现了一批公司运营的整合式基本保健服务网络，这些整合式基本保健服务网络与疾病基金会签订合同，共享结余收益。整合式基本保健服务网络实现了三个方面的突破：扩大了医疗服务提供者范围，允许各类基本保健服务提供者参与，打破了传统的地方医师协会限制，包括心理健康服务、健身房、药房等组织；网络管理者能同时向网络内外的服务提供者购买服务；重视疾病预防和健康管理，网络管理者能够打破医保目录限制，购买对改善参保人群健康具有较高价值的健康促进和预防服务。

德国的这个整合式医护模式为什么被称为"黑森林整合式医护体系"？因为它主要源于德国西南部的黑森林州的金齐格塔尔地区，所以这种模式被称为"黑森林整合式医疗项目"。20世纪末，德国黑森林州的卫生医护体系面临严重的碎片化问题。住院前、住院期间和住院后的医护服务彼此孤立、缺乏配合，医疗服务提供者之间缺乏足够的沟通和交流，患者健康信息和诊疗信息无法有效共享，导致重复检查、重复治疗以及误诊的情况比较严重。由此，黑森林州的医生集团（MQNK）、健康管理机构（OptiMedis AG），以及两个区域性法定疾病基金会（AOK 和 LKK）共同发起了整合式基本保健服务 GK 计划，一开始仅针对老年人慢性病管理，随后逐渐覆盖不同人群。

　　德国是欧洲最"老"的国家，它的退休年龄定在 67 岁，人均寿命有 81 岁，现有人口大约 8300 万，而 60 岁以上的老年人占了 23%。德国的老人退休后，除了退休金外，政府还对不同护理级别居家养老的老人进行不同的补贴。补贴标准按护理的级别来确定，比如护理级别为一级的每月补贴 450 欧元，护理级别为二级的每月补贴 1100 欧元，护理级别为三级的每月补贴 1550 欧元。所以，大部分德国的老人退休后，首先是获得政府的补贴后居家养老。在居家养老期间，老年人仍然住在自己的居所里，周边的养老机构为老年人提供一些上门护理服务，主要是日间的护理，也可以短期地将老人托付到周边的养老机构。如果一个老人需要照顾的问题开始升级或者增加，就要升级到老年住所式的养老机构，进行监护式的养老照护。即老人要搬离自己的住所，入住租赁的或者购买的居家服务监护式的公寓，公寓整体采用无障碍化设计，有许多老年服务的硬件设施，如电子信号器或者电视监控器等。在这个老年监护室公寓中养老的老人，还可以从事一些自由活动，但是一旦老人卧床不起，无法再进行任何自由的活动了，就必须送入专门的养老机构。由于德国可以提供完善的居家养老服务和养老住所服务，所以绝大多数老年人是在最后的时刻，完全无法自理的情况下，才选择入住专门的养老机构。

　　目前德国共有 1.24 万家养老机构，其中 54% 的养老机构由慈善机构创办，40% 为私人企业办的养老院，剩下的才是公立的养老院。在养老机构当中，老人不仅能获得 24 小时全方位的服务，包括护理、日夜间的生活起居照料，还有一些慢性病和其他疾病的照护和处理。更为重要的是，这些养老机构都跟我们上面提到的黑森林模式相结合，也就是医和养有机地结合在一起。黑森林整合式医护模式通过基本的保健服务网络，实现了医、养之间跨部门跨领域的合作，它加强了对老人健康的管理和疾病的预防，强调降低疾病发病率，特别是降低慢性病的发病率和流行率，从而达到整合资源、提高效益、降低成本的目的。这一模式的基本架构是：通过组建一家医疗管理公司，把当地主要的疾病基金会、健康管理机构和医生集团吸纳进来，让它们作为该公司的主要控制方。然后由该公司去组织一些全科医生、专科医生、心理治疗师、医院、药房和其他机构，让它们提供相应的服务，然后向所有的老年人开放，老年人通过各种方式进行评估后参与进来（见图 13-1）。

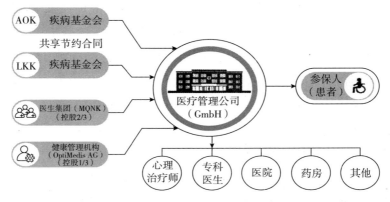

图 13-1　德国黑森林项目的参与主体

　　这当中重要的是医生集团，他们是全科、专科和心理医生组成的医疗资源，其成员都拥有专业的医学经验，熟悉当地人口状况和卫生保健情况，从而更好地致力于该地区日益增多的身患多种慢性疾病的老龄人口，为他们提供更多的医疗保健服务。这就是我们所说的"医"的方面，医生、医院作为一支主要的力量参与进对老人的照护。

　　新生活公司在照护业务上，多年来一直致力于打造"院前""院中""院后"闭环式的全照护体系，与德国黑森林整合式的医护模式有很大的相似之处。但是我们目前还在初级阶段，在"养"和"医"两方面的基础建设上，都有很多欠缺，更谈不上打通。随着经济的发展，照护和医疗款项的支持增加，我相信，我们一定能探索出中国式的、医养结合的照护模式和体系。

英国二元一体的养老服务体系

第二次世界大战以后，英国就建立了国民保健服务体系。这个体系最初体现了比较崇高的理想，具有全民性、综合性和免费医疗服务等特点。老年人除了在社区看医生和负担部分药费外，其他的基本上被政府买下。政府几乎买下了全部的医院费用，支付医务人员的工资。由政府支付的医院，向老年人提供免费的住院、照护和保健服务。由于这些支出和负担全部由英国中央卫生部门负责买单，所以好景不长，进入 20 世纪 70 年代以后，尤其是 20 世纪 90 年代以来，整个西方的福利国家普遍面临经济萎靡、失业率持续增高、高税负等问题。英国被迫开始了改革，最终形成了二元一体化的养老服务体系。

英国政府分别于 1990 年和 1991 年颁布了《国民医疗服务与社区照护法》以及《社区照护白皮书》，对医疗服务和个人社会服务的制度进行改革，重新构建了以社区服务为核心的社会养老服务体系，进而"从福利国家走向了福利社会"。根据徐倩博士所著《银发中国：中国城市社会养老服务理论与实践》一书中的研究，英国的二元改革大致的情况是：将老年人的社会照护服务，从中央政府全面负责的国民保健制度中分离出来，交由地方政府负责，然后由中央卫生部门主要负责国民保健的服务体系，由地方政府统筹和管理社会服务部门，并且主要负责个人的社会养老服务，由此形成二元结构（见图 13-2）。

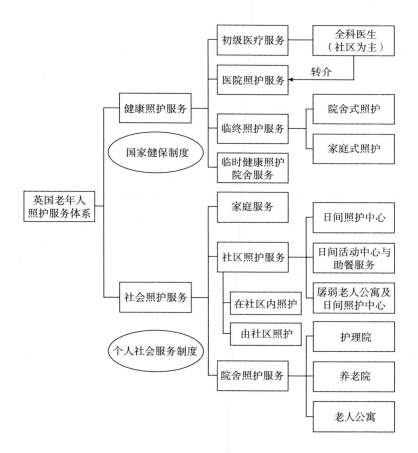

图 13-2　英国社会养老服务体系示意图

这两套体系一个是解决老年人的健康照护服务问题，即治疗服务；另一个是解决老年人的社会照护服务问题，即日常性的养老照护服务。徐倩博士分析道：健康照护服务包含初级医疗服务（Primary Care Service）、医院照顾服务（Hospital Care Service）、临终照顾服务（Hospice Care Service）以及临时健康照顾院舍服务（Interim Health Care Facilities）四种。

初级医疗服务属于英国全国性健康照护服务系统的一部分，由在社区驻诊的全科医生（General Practitioner，GP）和专业护理人员向社区老年人免费提供初级医疗保健服务，在老年人有特殊治疗需要或病情严重到社区医生无法处置时，由全科医生负责向正规医院转介，确保有需要的老年人能够获得正规的医院照顾服务，即二级照顾服务（Secondary Care Service）。换言之，为了避免免费社会性住院带来的医疗资源浪费与高昂的医院照护成本，有资格接受医院照顾服务的患病老年人不仅需要得到社区医生转诊证明，还需要得到正规医院的就诊许可。英国三成以上医疗机构已经尝试削减或废除老年人长期住院治疗性服务制度，以社会老年康复性照护服务取而代之。临终照顾服务是专门为患有无法治愈的、进展性疾病的患者（Terminally Ill or Dying Patients）提供的保健服务，既包括院舍式关怀，又包括家庭式关怀，专业的临终关怀服务由经过培训并认证合格的专业社会工作者团体提供，目的是为临终人群提供生理、心理以及社会方面的支持服务，旨在让临终者积极乐观且有尊严地走向生命尽头。临时健康照顾院舍服务主要针对出院老年人提供临时过渡性、中转性的专业机构康复性照护服务。

　　社会照护服务包含家庭服务（Domiciliary Service）、社区照顾服务（Community‑based Care Service）以及院舍照顾服务（Residential Care Service）三个类型。

　　家庭服务主要是为居住在家的老年人提供辅助赡养服务以及为家庭成员赡养老年人提供家庭照护支持服务，比如为老年人提供助餐助浴助洁、代理购物、陪同就医、陪同聊天、用药咨询以及康复护理指导等。社区照顾服务旨在通过动员、整合与有效利用社区多方资源以及社区支持网络，在确保老年人获得最大自主性、精神得到良好慰藉、老年人家庭成员积极配合的前提下，为具有照护服务需求的老年人在熟悉的居家环境以及社区环境中提供以临时性喘息照护、日间照护、失能失智老年人临时性院舍照料等为主的适应老年人多层次需要的养老服务。

　　社区照护服务作为院舍照顾服务的替代性解决方案，在回归社区理念的同时，兼顾了老年人社会照护服务专业化和人性化的双重需求；与此同时，社区照顾从更深层次上反映了家庭支持的广泛适用性。

　　院舍照顾服务即通常所说的机构养老服务，基本上可以划分为护理服务之家、居住型照护之家以及老人公寓三个类别。

　　护理服务之家是由经过资格认证的专业护理人员为院居老年人提供非治疗性专业康复护理服务的机构，多以在地方政府健康管理当局注册并接受其监督管理的民营私立机构以及民间社会志愿组织为主。2001年，英国地方政府开办的护理服务之家数量占全国护理服务之家总数已经不足两成（16%），民间社会志愿组织建设运营的护理服务之家占到两成左右（21%），而民营私立机构建设运营的护理服务之家，则占据 63% 的份额。居住型照护之家面向健康状况良好的老年人，为其提供诸如居家日常照料、家庭协助、心理支持、送餐等日常生活照料服务。老人公寓主要是为身体健康状况良好、能够独立生活但却无法与家人同住的、基本不需要持续由专人提供照护服务的老年人而设立的集中住宿式社会养老服务机构，居住在老人公寓中的老年人如有需要可以随时启用 24 小时不间断的"管理员呼唤服务"。另外，还有特殊老人公寓（Very Sheltered Housing），主要为失能半失能以及失智老年人提供日常起居照护服务以及专业康复性护理服务，不仅如此，院居老年人还可以申请社区全科医生与专业护士提供陪伴照护服务。

对于广大英国老年群体来说，在社会养老服务的资源供给选择偏好上，英国人长期以来都比较重视和优先将老年人留在家中或熟悉的社区中进行照护。因此，特别是在"照护需求评估""家计调查"以及养老机构收费的多重限制下，目前选择院舍照护服务（机构养老）的老年人大多为失能失智老人，社区居家养老方式成为绝大多数老年人的心仪选择。

英国的改革有两点十分可取：

一是化解国家一元化社会养老服务供给的巨大财政压力、管理压力以及服务质量的压力。在社会养老服务领域率先进行了市场化的改革，虽然与地方政府有明确的分工，由地方政府筹划社会照护服务。于是地方政府在充分发挥市场机制的前提下，将社会养老的服务主体政府公共部门、非营利性的社会志愿组织和营利性的市场主体，都吸引过来，参与到这个社会服务体系当中去，形成了多元供给式的社会养老服务模式，与政府主导的国家保健制度的健康照护服务模式相呼应，相互支撑，从而解决了全领域"医"和"养"的老人照护问题。自 20 世纪 90 年代开始改革之后，英国不断地调动私营资本、私营企业和社会志愿组织在照护事业中的主体作用，由地方政府直接提供的服务则呈逐年下降的趋势。到了 2008 年前后，只有 6% 的社会养老服务机构由地方政府主导，18% 的养老机构归非营利性的社会志愿组织所有，而高达 74% 的养老服务机构全部归营利性的私人企业所有并运营。可见，社会养老服务离不开政府，但是社会养老服务的经营者可以是非政府的社会商业组织。

二是让社会养老服务回归家庭，回归社区。英国改革之初就提出了"去机构化"的问题，所谓"去机构化"就是把原来由政府全权负责的以机构照护为核心的社会养老服务体系，改成让老人重回社区、重回家庭，由社区和家庭重新构建新的社会养老服务模式。如图 13-2 所示，在社会照护服务这一体系中，又详细地分为家庭照护、社区照护以及养老院（院舍）照顾这三个类别，分别应对不同老年人的需求。这种模式对中国非常有借鉴意义。

日本普惠性质的介护保险制度与
"三级医疗圈"

日本进入老龄化社会的时间比我们稍早一点。据日本总务省统计，2014 年日本 65 岁及以上的老年人口已经超过了 3300 万，占总人口的 25.9%。日本在 20 世纪 60 年代，就开始制定相关的法律，为即将到来的老龄社会做准备。最初，日本也是想通过国家和政府大包大揽的方式，解决社会养老问题。日本在国内大规模地建设了许多公立的养老服务设施，这些设施由中央财政承担 2/3 的费用，地方财政承担 1/3。但是，随着老龄人口的增加，公立的养老设施根本不够用。加之，许多老年人是非医疗的长期住院方式占用资源，即"社会式住院"，由此导致照护服务费用大量增加，医疗资源浪费也很严重。从 20 世纪 80 年代开始，日本就大力推行养老制度改革，与英国有异曲同工之妙，日本的改革也是大力发展社区居家养老服务体系，同时引入市场竞争机制。最终形成了社会养老和政府的机构养老两大板块。

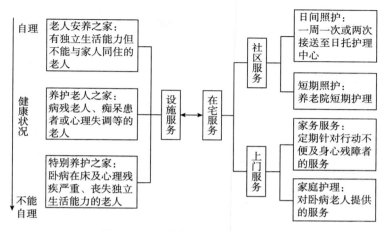

图 13-3　日本养老服务体系示意图

资料来源：北京市养老服务设施专项规划［EB/0L］.［2016-12-20］.
http：//zhengwu.beiing.gov.cn/ghxx/qtgh/t1412056.htm.

　　日本养老服务制度的核心是"介护保险"。所谓"介护"
其含义就相当于我们说的"照护"，这个介护保险可以把它理解
为专门的养老照护保险，1997 年，日本用专门的立法确立了这
项保险制度。全体保险对象依据不同的年龄划分为两类：65 岁
及以上的老年群体为第 1 类保险对象；40~64 岁的中老年群体
为第 2 类保险对象。为了避免国家、社会或者个人每一方单方
面承担全部的养老费用，都面临不现实的压力，日本的介护保
险制度最终以政府与个人共担的多方筹资的方式来建立。

　　按照日本《介护保险法》的规定，40~64 岁的日本公民必
须履行介护保险金的缴纳义务，凡是在职的公民介护保险金在
每月的工资中扣除，自由职业者则需要向介护保险制度专门管

理机构按规定缴纳介护保险金。对于 65 岁以上的老年人介护保险金的缴纳，则根据具体情况来核算最终缴纳的数额，即根据家庭成员的人数，是否领取了老年福利年金，以及家庭成员缴纳居民税等情况，予以不同程度的减免。总的来看，个人缴纳的比例都不是很高，第 1 类保险对象承担保险金的 22%，第 2 类保险对象承担保险金的 28%。其他的保险费用支出则主要由政府的公共开支来解决，分别由国家和地方包括具体居住的区域财政共同来分担。关键是这个介护保险涵盖的范围非常广，几乎包含了居家照护、社区照护和住院照护等所有的费用支出。

在此基础上，日本很好地解决了照护体系和医院诊断、住院服务的协调问题。董家鸿和张宗久将它称为"双向转诊"模式（见图 13-4）。

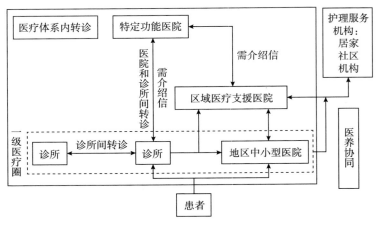

图 13-4　日本"双向转诊"模式

资料来源：董家鸿、张宗久：《中国整合式卫生医护体系发展报告（2023）》。

如图 13-4 所示，日本实行的是社区首诊制。按照这一制度，在非急诊的情况下，日本的居民将首先前往自己的社区诊所（一级医疗圈）就诊，或者联系家庭医生上门诊治。在经过初级的诊断后，若基层医疗机构无法满足治疗需求，机构会对患者进行转诊，只有拿到基层诊所开具的转诊介绍信，患者才能转到高一级的医院就诊，否则将自行支付全部医疗费用。

首先是一级医疗圈内部转诊，即由诊所向其他专门性诊所或地区中小型医院转诊。日本地方医疗小型化、专门化程度很高，许多诊所能够针对特定疾病实施专门诊疗。其次是基层诊所开具介绍信，转诊至处于二级医疗圈的区域医疗支援医院就诊，包括各种专科重症和特殊人群的诊治与康复，它们是整个卫生医护体系中诊疗任务的最主要承担者，成为整个卫生医护体系中最为关键的环节。最后是三级医疗圈，如癌症、器官移植者等。一级、二级医疗圈上转的住院患者，不设门诊。每个三级医疗圈中一般只有一所大型中心医院。在二级、三级医疗圈的医院对患者完成关键诊疗后，再将患者转诊到一级医疗圈进行持续治疗和康复护理服务。"双向转诊"是连续的、整合式的、不重复运行的就医和碎片式服务。一般的患者和老年人的照护、医疗诊断和住院服务都有不同的入口和出口，共同使用这种"三级医疗圈"，以保障及时处理不同的老年患者的治疗需求。

美国《患者保护与平价医疗法案》与
PACE 养老模式

美国的医疗基本上是商业保险模式，与此相适应，美国的养老也具有商业保险模式的特点。

2010 年奥巴马政府极力说服国会，通过了《患者保护与平价医疗法案》（*Patient Protection and Affordable Care Act*，*PPACA*）。这个方案的主要目的，就是要增加医保的范围，使一些低收入阶层也能参加医保。因为在过去，美国的医疗保险是以就业为基础来筹措的。雇主为雇员提供医疗保险是一种对员工的福利，是自愿行为，而不是强制性的行为。对一些小企业主来说，他们无法获得价格较低的医疗保险，并提供给员工。同时，对一些员工来说，他们可以选择不要医疗保险，因为所有的医疗保险在雇主支付一定的费用以后，也有少部分是由员工来支付的。所以美国很多低收入的劳动者并没有任何的医疗保险。奥巴马政府推出的平价医疗保险，就是想要消灭这个死角，目的就是扩大医疗保险的覆盖范围。

覆盖面扩大的医疗保险措施，为美国的养老服务体系提供了一个比过去更好的基础。美国以社区养老为主的养老模式有两种：一种是老年人全包服务项目（Program of Al Inclusive Care for the Elderly，PAICE），这种模式备受关注，国内许多研究养老的专家学者也特别关注这种模式；另一种是老年人居家养老（Homeand Community Based Services for the Elderly，HCBS）。

PACE 模式是以包括全科医生、专科医生、护士、药剂师、康复师、理疗师、营养师、家庭护理助手、社工、司机等在内的多专业综合小组为会员老人提供全面的医疗、健康管理和生活服务的"打包式"模式。目前全美共有 118 家 PACE 机构，服务超过 3.5 万名老人。PACE 只面向 55 岁及以上的老人，如果老人经过州政府评估，身体状况符合长期入住护理院的要求，可以自愿申请加入 PACE。比较典型的 PACE 会员老人是这样的：年纪在 80 岁以上，平均患有 8 种急性或慢性疾病（心脏病、糖尿病、呼吸系统疾病等），日常生活方面也需要一定的协助。

PACE 机构通常拥有一个包括日间健康中心、诊所、医院、康复中心、护理院等在内的服务网络。日间健康中心是 PACE 机构的核心，里面不仅有配备全科医生和护士的诊所，还有理疗室、娱乐休闲室和健身房。在一些华裔为主的社区，日间健康中心甚至提供麻将室，更显现出这一养老照护模式的无微不至。PACE 服务网络内的机构一部分是自有的（比如说日间健康中心），另一部分则是签约的合作机构。会员老人使用签约医疗机构的服务无须付费，完全由 PACE 机构基于老人对医疗服务的使用量来付费。

Medicare 和 Medicaid 是 PACE 的主要付费来源，Medicare 意为"政府的医保卡"或者"政府的医疗照护险"，Medicaid 是

"政府医疗补助险",再加上个人自费,这三方面构成了 PACE 的支付来源。按我的理解,PACE 其实就是一个非固定形式的高级养老院,并且整合了医疗的资源,形成了医养联合体。它专业多、综合服务的特点使持续、长期、重视预防和健康管理的需求得以满足。所以,PACE 的收费方式为固定月费,不因老人使用的服务项目增减而改变。PACE 多专业综合小组会不定期评估老人的身体状况,为老人制订全面的护理计划。这种评估通常一年不少于两次。如果某位会员身体状况变化频繁,则其评估的频率也相应提高。护理计划的重点是尽可能使老人保持一定的自理能力,能居住在自己家而不必长期住在专业护理机构,避免急救和住院等昂贵的医疗服务。PACE 模式可以说是以居家养老为基础,机构养老为依托。会员老人多数时间居住在自己家中,有需要的时候 PACE 机构会安排老人入住相应等级的专业护理机构。PACE 的职工会为病人安排医生问诊、药品、康复和住院等所有的医疗服务,并负责费用。同时,PACE 还会关注病人诸如做饭、洗澡、家务等日常需求,并负责把会员送到日托中心,让病人可以通过社交活动来避免产生孤独感、预防认知功能的衰退。

在固定月费这种模式下,由于无法通过增加服务项目来提高营收,每一个 PACE 机构主要靠自己尽心尽力地经营来维持营收和盈利。比如,PACE 机构制订护理计划时主要考虑老人的身体状况。PACE 机构希望通过积极的疾病全程干预和系统化健康管理,比如各类预防性护理,实现长期的费用节省。从理论上来说，PACE 模式避免了传统按量付费的医疗机构重治轻防的弊端。不过实际执行过程中，各个治疗目标的优先级究竟如何设定，并没有简单可循的规则。虽然保守诊治短期来看可以降低费用，但有因诊治不足而导致严重后果的风险。这是 PACE 模式面临的两难困境。比如说，一位会员老人摔倒后到底要做哪些检查？医生可以抱着"宁可多做也不漏做"的态度让患者多做检查，比如昂贵的 CT，也可以根据患者的病史以及初步检查判断出其实患者并无大碍，从而避免不必要的检查。这就是市场机制在起作用。

Medicare 和 Medicaid 每年会为每个病人向 PACE 支付一笔费用，金额大约是 76728 美元，虽然看起来是一大笔钱，但依然比疗养院的平均费用低 5500 美元。并且，疗养院的费用并不包括住院和其他一些昂贵的医疗服务，但 PACE 的费用则是打包费用，包括了病人所有的医疗健康服务和社交活动支出。值得注意的是，PACE 机构并没有定价权，其月费标准由 CMS 和各州政府综合考虑会员老人的各类指标、过往的就诊记录、该地区老人的平均身体功能障碍水平和当地具体政策来决定，各地 PACE 收费标准差别比较大，举例来说，在纽约，PACE 的月费超过 4000 美元，但在迈阿密只需要不到 2000 美元。

然而，要做好一家 PACE 机构并不容易。一位关注养老行业的学者石凯瑞先生分析道：首先，PACE 的运作难度较大，不容易快速扩张，搭建并管理 PACE 所需要的综合服务网络是一大挑战；适应多专业协作这种方式的医护人员和管理人才都比较稀缺；此外，PACE 机构事实上是保险、医疗保健服务和养老生活服务的综合提供商，而且还没有定价权，风险管理方面的难度委实不小。其次，各州政府针对 PACE 的具体政策不同。目前美国有 31 个州可以设立 PACE，剩余十几个州尚未设立 PACE。在可以设立 PACE 的 31 个州里，有约 1/3 对全州 PACE 的会员总数设置了上限。最后，老人须经过州政府评估，确定其身体状况符合长期入住护理院（Nursing Home）的要求，才能获准参加 PACE 项目。目前这个由州政府执行的评估过程颇为烦琐耗时，有时候长达几个月。而设立一家新的 PACE 机构，总投资在 150 万~500 万美元（不同地区所需投资差异较大），而投资的回报期通常是 4~6 年。

总的来看，PACE 无疑是成功的，也被有些学者称为"货真价实"的医养结合的养老模式。我认为这得益于医疗保险的宽度和厚度、竞争环境的适度，以及法律保障的完善。美国的 PACE 模式可能会被很多国家效仿，但是如果缺乏上述基础条件，恐怕也会学走样。对我国来说，许多行业的内卷内耗就可以毁掉一个好的商业架构和社会服务模式，这是我们要警惕的。

第十四章

您需要一种什么样的养老服务

选养老，其实是在选照护。让我们先来看看"什么是最好的养老服务"，或者"您需要一种什么样的养老服务"？

全方位"巨舰式"的连锁养老服务机构

全方位"巨舰式"的连锁养老服务机构这种模式非欧洲的 ORPEA 养老护理公司莫属。ORPEA 的中文名称是"欧葆庭"，这家公司成立于 1989 年，总部在法国巴黎。它仅仅用了 13 年的时间就完成了上市，用了 30 余年的时间发展成为欧洲乃至世界养老照护行业的头部企业。ORPEA 官网显示，截至 2020 年下半年，ORPEA 集团旗下养老机构和康复医院已增至 1014 家，总计床位数超过 10 万张。现有员工 76000 余人，每年为 267000 余人提供养老和照护服务。除法国大本营之外，ORPEA 的业务已遍布德国、比利时、意大利、西班牙、瑞典、中国等 22 个国家。通过自有养老机构和向海外扩张，ORPEA 旨在向弱势人群提供护理和养老服务，包括疗养院、套房护理和康复诊所、精神病诊所、高级住宅和家庭帮助服务等。

ORPEA 主要提供四大核心业务：理疗型疗养院（Nursing Homes）、急性病康复医院（Post-acute and Rehabilitation Hospitals）、精神病医院（Psychiatric Hospitals）以及家庭护理服务（Home Care Services）。此外，ORPEA 也提供独立生活社区服务（Independant Living），该项服务贯穿于所有的服务过程始终。

理疗型疗养院

理疗型疗养院主要面向的是需要家庭护理或刚出院的老年人。ORPEA 疗养院会根据每位患者不同的需求提供和实行个性化的护理计划。包括为阿尔茨海默病或类似疾病患者提供专业服务，以及为即将离世的老人进行临终关怀。与此同时，针对患者的日常住宿、餐饮、家政清洁、娱乐等，疗养院提供 24 小时不打烊式服务。

急性病康复医院

ORPEA 的急性病康复医院，主要为血液病患者、肿瘤疾病患者、心血管或呼吸病患者以及代谢紊乱的患者提供康复护理或治疗服务。ORPEA 的急性病康复医院主要分布在法国、瑞士、意大利、德国和奥地利，并由医疗团队和技术单位监督以确保专业性，从而最大限度地提高患者的康复机会，恢复其独立生活能力。

精神病医院

ORPEA 的精神病医院主要位于法国、瑞士、德国和意大利。主要针对情绪障碍患者（抑郁症、双相情感障碍）、焦虑症患者（强迫症、恐慌症、社交恐惧症）、睡眠障碍患者以及厌食症患者提供治疗和安抚服务。精神病医院的护理团队为病人制订个性化护理计划，由医师配合开展工作，护理的环节涉及精神治疗师、职业治疗师、艺术治疗师、运动理疗师等。

家庭护理服务

ORPEA 家庭护理服务机构面向的是由于健康状况或残疾暂时或永远无法独立生活的个人。该机构主要分布在法国、奥地利、瑞士和德国。ORPEA 提供的家庭护理服务包括三方面：一是家政服务，如清洁、餐饮、熨烫、园艺等；二是日常生活协助服务，如白天或晚上看护、卫生帮助、进食帮助等；三是运动协助服务，如辅助步行、推轮椅等。

2013 年，ORPEA 正式进入中国市场，中国区公司名为欧葆庭。欧葆庭在南京市仙林大学城选址建成了其在中国区的第一家高端养老机构——南京欧葆庭仙林国际颐养中心。是面向自理、失能和认知症老人而设立的长期照护机构。面积 1.7 万平方米，共设有 111 个房间。

2018 年 1 月，欧葆庭宣布联手北辰集团，助力长沙北辰三角洲国际健康养老综合体的建设，通过合作，欧葆庭为客户提供个性化、专业化、国际化的养老康复服务。

2018 年 11 月，欧葆庭集团与太平洋人寿达成战略合作，共同创建了太平洋欧葆庭（上海）养老企业管理公司。利用欧葆庭在养老健康及个人护理领域的专业经验，以及太平洋人寿在我国养老市场的本土资源优势，新成立的合资公司致力于在中国打造专业的养老产业运营管理平台。

同年 12 月，长沙北辰欧葆庭国际颐养中心正式开业，致力于打造华中地区的国际化养老服务项目。颐养中心建筑面积25000 平方米，共设有 224 间房间。

由此，经过近几年的成长，欧葆庭在南京、长沙、上海都有了服务基地。这家公司在中国的后续发展，值得继续关注。

中国在养老模式上的探索

中国的养老照护事业正在进行各种各样的艰难的探索。例如，面对世界上最大的老龄人群体，面对我们的总体经济还与西方发达国家有一定的差距（尤其是人均 GDP），面对巨大的城乡差异，面对医疗资源的相对匮乏，面对中国传统式家庭严重弱化甚至解体，等等。

根据徐倩的研究，我国现有的社会养老服务机构可以划分为 4 个类型，即公办公营、公办民营、民办公助和民办民营（见图 14-1）。

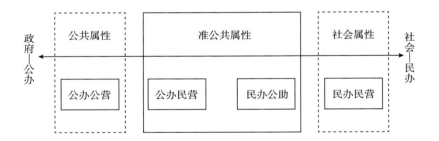

图 14-1　社会养老服务机构属性及运营模式划分示意图

资料来源：徐倩：《银发中国：中国城市社会养老服务的理论与实践》。

公办公营模式

公办公营模式主要是解决"兜底性"的社会养老问题。面对的是残病、孤寡并且急需专业化的照护的、生活困难的老人，包括城市的"三无老人"（指城镇居民中无劳动能力、无生活来源、无法定赡养人）、低保户老人，以及高龄独居失能的老人等。这类养老机构主要体现了政府和社会承担的社会养老责任。由于全靠政府财政拨款或进行补贴，这类养老机构面对庞大的符合入住条件的对象，往往是"一床难求"。目前来看，照护质量有没有保证是其中的关键问题。

有一个叫葛玫（Rose K. Keimig）的美国人，她是美国耶鲁大学医学人类学博士候选人。葛玫学了10年的中文，想到中国来做养老方面的研究。她在昆明住了一年多，去了许多的养老机构，采访了几十位老人。她与他们交谈，甚至住进了养老院，实地考察公立养老机构的运行情况。2023年，葛玫出版了一本书，名为《谁住进了养老院》（中文版由上海三联书店出版社在2003年4月出版），汇集了她这次做养老机构调查的成果和感想。书中对这类养老机构的照护方式、照护水平等方面，提出了很值得我们警惕和重视的问题。该书出版后，有中国学者对她进行了采访，其中有一段他们在讨论"慢性生存"问题时的话特别令人深思。

我在昆明的那年，大概有三次，有老人问我："能不能买来安眠药，偷偷捎进养老院？"

听到这样的话总是很难受，我当然不会为养老院的任何人购买安眠药，我也不认为他们真的希望我这么做，但我觉得，这句话是他们在表达对生活自主权的需求——尤其是当直接谈论苦难太难，或者是他们的需求没有被听到时。我的回应是倾听，这是我唯一能做的。

在养老院里，自杀和安乐死是寻常的话题。我记得有一天下午，当我要离开玉山养老院时，一位姓马的阿姨和我聊了聊，她觉得特别抑郁，我问她是不是哪里疼，她说不疼，但是哪里都不舒服，"要是有安乐死就好多了，只要打一针就完了"。我安慰她，说她给我的研究带来了很大的帮助，但她不为所动，望向外面杂草丛生的庭院，哭着说："我希望池塘里的水再深点，我就能淹死在里面了。"

玉山的很多老人都有慢性疾病，比如中风，这些疾病会随着时间缓慢发展，但不会终结。可是治疗疼痛的药物（如阿片类和抗抑郁剂等药物）受到严格监管，养老院基本没有。没有缓解的希望，对许多老人而言，活着等同于痛苦。

"活得越久，痛苦得越久。"

在一个以经济为主导的社会中，作为一具无法生产只会消耗的身体活得太久了，死得太慢了，在肉体消亡之前他们都在经历社会性死亡。

科学界也越来越关注"慢性生存"，它与"健康生存"相对，不仅仅指人们带病生存，也意味着生命本身的不良状态。进入养老院，很多老人经历了从以前的社会角色中剥离的剧烈痛苦。

葛玟在采访中还说道："我想，这本书的一些观察，在 10 年后的今天依然是有效的。比如，照护是我们最重要和持久的需求之一，但有偿照护却被低估了；无论从技术还是金钱层面来看，人们都更在乎延长生命的数量，而不是提高质量；还有就是，人们总是避免谈论死亡，避免谈论临终时的痛苦。"

公办民营模式

公办民营模式的实质是把养老机构的所有权与经营权分离，通过民营经营体的介入，努力降低经营成本，提高服务与管理质量，更关键的是提升照护水平。公办民营往往通过"合约式"的合作模式，与政府建设的养老机构实体进行合作，包括承包、合资、租赁等方式。这类养老机构在近 10 年来，成为发展最快的模式，目前在全国已有 100 多家。

民办公助与民办民营模式

民办公助与民办民营都获得了政府在养老政策上的支持，所以我们把它们视为同一类养老机构来考察。这两个模式的特点是，养老经营体的自主经营权得到了充分的保障，获得了充分的发挥。正因为如此，近 10 年来这两类养老机构层出不穷，各有各的特色，无法一一陈述。

2013 年国务院发布《关于加快发展养老服务业的若干意见》，提出充分发挥社会力量的主体作用，使养老服务业逐步进入市场化。据《中国养老行业发展报告 2023》中的描述，这十年来，大量民营资本通过地产、保险、医疗服务、康复辅助等企业进入养老服务市场，部分企业直接创立了养老服务机构，开辟出养老地产、养老社区等新的商业模式。在国内比较有影响力的，如泰康、碧桂园、绿地、龙城等房地产和保险业的大型民企也在向养老市场进军。未来，民营企业在社会养老服务中的作用会越来越大。

社区照护的养老模式正在崛起

如前所述，在"9073"（90%居家养老、7%社区养老机构养老、3%其他机构养老）的养老格局下，专业的居家照护服务成为未来养老业发展的关键环节。因为好的居家照护服务必须以社会社区养老机构为支撑。从照护人才的技术水平要求来说，社区养老机构可以吸纳和储存数量相当的照护人才。由这些人才向所在社区的居家老人提供照护服务，相对来说，比临时寻找的社会上的照护人要靠谱得多。另外，社区照护机构也可以配置相应的照护设施，尤其是在现今有关照护的科学技术突飞猛进发展的情况下，许多设施可以为周围社区居家养老的老年人使用，从而提升照护的质量。

根据相关统计，截至2021年，全国共有社区养老服务机构和设施31.8万个，共有床位312.3万张。2021年，全国社区养老服务机构数量同比增长了9.3%，远高于登记养老机构数量平均增速的5.5%。可见社区养老照护越来越受到重视，发展也很迅速。

许多民营资本正在进入社区养老服务的市场。比如，上海的九如城集团，注册资本3亿元，在行业内首创了"四级养老服务体系"，即"康养综合体—城市养老院—社区养老—居家养老"，推出"居家上门""社区日托""机构集中照料""适老化改造"等多层次的养老服务项目。这类照护养老机构今后会越来越多。

高端机构与"候鸟式养老"也备受关注

中国改革开放 40 多年来，随着人民收入水平的提高，先富裕起来的一些人总希望有一种适合他们的集生活、居住、社交、娱乐为一体的高端的养老机构，近 10 年来，各地相继出现了一些高端养老机构。这是好事，因为高端的养老机构在养老的居住环境、照护和跟医疗结合方面会做得更好。比如，泰康保险推出的"泰康高品质养老社区"。这种综合型的大型养老社区已经出现在全国的 35 座核心城市，包括北京、上海、广州、成都、苏州、武汉、深圳、重庆、南京、杭州、南昌、厦门、沈阳、长沙、南宁、宁波、合肥、郑州、青岛、福州、温州、贵阳、长春、哈尔滨、西安等，形成了连锁式的养老服务平台。这种高品质的社区养老机构能不能成为欧洲欧葆庭式的连锁、大型养老机构平台，我们拭目以待。

与此同时，许多有条件的老年人，因为中国南北气候的差异，也希望过"候鸟式"的养老生活。即在寒冷的冬天到南方的养老机构居住，而在严酷的夏天到北方或海拔稍高一点的、凉爽的城市居住。我想，泰康高品质社区养老机构在全国的布局也是为了适应未来这方面需求的人。

第五部分

未来之路

第十五章 科技会给养老照护服务业带来什么

　　人类的相互扶持需要科技，但又不是科技能全部解决的。

　　2024 年 6 月，上海举办了"上海国际养老、辅具及康复医疗博览会（上海老博会）"，这一次"老博会"汇聚了来自中国大陆、奥地利、美国、日本、澳大利亚、比利时、德国、荷兰、法国、韩国、瑞典、丹麦、以色列、冰岛以及中国香港和中国台湾等 16 个国家和地区的近 450 个展商。这是一次全面的关于养老行业高科技应用的展览会，有几千种适应老年人的科技产品在展览会中展出。《解放日报》记者王海燕、肖彤在专题报道中称：

　　在老博会展馆走一圈，扑面而来的是满满的"科技感"，行业内外技术交叉共振趋势明显。

　　一位观众特地赶来，目标就是优龙机器人公司。此次参展，优龙机器人带来多款"外刚内柔"的"铁甲战士"，可灵活进行单关节训练、多关节联动、步态调整，甚至可以智能起坐。尤其是公司明星产品"柔性外骨骼机器人"，这款安装在人腿部的动力系统轻便机器人，能捕捉到人运动意图，实现精准步态预判，还能智能化解决偏瘫遗留下来腿部一边行走不顺的问题。

　　"这款产品融合了双下肢髋关节助行设备'羽翼'融合仿生学、深度人机交互等先进技术，辅助髋关节力量不足的人群行走。"公司董事长、创始人熊军介绍，工程学逻辑和医学逻辑不一样，公司研发团队之前都是工程学领域的博士，从去年开始，公司建立医学团队，从医学逻辑出发改造机器人产品，以实现人和机器的深度融合。

"老人万一在家中摔倒，无须电话在身边，只要大声呼救，甚至敲击地板，我们的 AI 呼叫器就能立刻识别并向家属发送警示信息。"在展会现场，北京分音塔科技有限公司的工作人员演示了孝心通老人 AI 敲击呼叫器，这是中国首款老人 AI 呼叫器，可通过识别墙壁、身体、桌子等敲击声报警。

又如，麒盛的舒福德 H100 智能床，以智能床为载体，基于非接触式传感器获取长期、稳定、持续增长的人体生命体征数据，采用先进的数据挖掘技术清晰准确地描述人类个体的身体状态，并预测其未来的健康状态；瑞思迈的口袋便携式睡眠呼吸机，具有 SMART 蓝牙连接、App 调节参数、三扇叶马达、Active Air 恒量排气、无水湿化等科技，整机仅约 300 克，是全球最小巧便携的睡眠呼吸机之一；海尔的助听器 KTNB001 采用先进的数字信号处理技术，能精准捕捉声音，并有效抑制背景噪声，同时该助听器还具备智能音量调节功能。

两块外形相同的地板，被涂上清水和清洁剂后，一块用脚踩下很滑腻，另一块丝毫不打滑。在防滑品牌佳德丽展位前，现场的实验展示形成鲜明对比，吸引了不少观众。佳德丽是一家地面防滑企业，多年来从事医院、酒店、写字楼等公共场所地面材料的防滑处理。随着社会居家养老需求不断提升，企业看到家庭适老化改造新机遇。其自研的清洁剂、防滑涂料，可适用于各类瓷砖、木地板、珐琅浴缸等多种材质的表面。"从 2001 年起，佳德丽就专注于公共场所的地面防滑；直到 2022 年，我们开始尝试家庭适老化改造，发现这是个潜力巨大的市场。"企业负责人说，目前，佳德丽在全国已有 700 多家代理商。

适老化产品中最常见的就是浴室用品和马桶扶手。一家来自苏州的居家康养企业，展示了一款"免打孔的马桶扶手"——实木把手、加粗扁管马桶架，可移动，高度可调节。一位老人当场试用后有了购买意愿，"这比我家里装的固定扶手更实用"。

"这是毫米波雷达，老人在家里不用穿戴在身上，它可以自动监测，意外发生时触发告警。"连续 14 年参展的安康通产品经理介绍了今年新推出的产品，这样一个设备可与老人的子女通过电视的方式互动。

"这还能去除老人味？"展馆一角，几位老人饶有兴趣地围在一台白色柱状的机器旁边，一位白发老人正在体验"纳雾熏蒸"：只见一团团白雾喷出，喷洒在老人脸部，老人仰着头闭上眼睛，一副很享受的模样。这是一家来自深圳的科技公司的产品，现场工作人员说，老人卧床时间久了，新陈代谢变慢，会有老人味。公司开发的纳雾微循环能量仪，通过熏蒸，携带药力进入老人体内的纳米气泡，激活老人体内能量，不仅抑菌消炎，还能让老人的皮肤状态恢复得更好，老人味也变淡了。"这项技术开发出来后，很受老年人欢迎，不仅应用在养老机构，也向康养场所、理疗馆、社区医院、足疗店等大健康场所投放。"

国外厂商看好中国市场：

"这是我们第三次参加老博会，带来 50 多种养老产品。"日企松下康养展台负责人说，在中国深耕三年，松下康养非常看好中国特别是上海的养老市场，多款产品已通过上海居家适老化改造进入千家万户。"这次我们参加老博会，希望能进一步拓宽市场。"

我国潜力巨大的银发经济市场，正引发全球养老企业关注。本届上海老博会上，国际展团大幅度拓展。其中，以独立展示、企业联展、国家馆三种形式亮相的日本品牌最为吸睛。80多家日本企业带来众多技术成熟、理念先进的康养产品。

在松永的展位上，设计独特的运动型轮椅MAXMF，折叠后内间距只有15毫米，一只手就能握住，可轻便地装入汽车；在三贵的展位上，超轻量轮椅CRT1整车重量仅9.3公斤，车架不易留下刮痕，美观实用的同时车体强度有保证；在芙兰舒的展位上，多体位调节电动护理床只需一个按钮即可从睡姿转变到稳定坐姿，还能辅助起立到站姿；在托客乐思的展位上，适老化旋转椅设计独特，完美符合人体曲线的腰部支撑；在三信化工的展位上，这家日本最大的餐具厂商带来多种适老餐具，还有针对认知症老人的餐具。

众多荷兰品牌也以国家展团的形式亮相老博会。飞利浦、帝斯曼-芬美意、健英美、博组客、西贝等荷兰品牌全面展示了荷兰的康养产品和服务。荷兰展团中，博组客拥有荷兰最大的居家护理团队，已建立智能化、数据驱动、高能见度、医养结合的服务平台。

　　同样也是 2024 年 6 月，我带领新生活公司的高管团队去日本访问，重点也是考察日本养老照护行业科技发展方面的情况。从我们参观过的几处养老机构的情况来看，日本在养老照护上使用的科技手段已经相当普遍和成熟，尤其是在机器人的辅助性设施、监控管理、人力节约等方面，给我们留下了深刻的印象。另外，我们的合作伙伴"深圳作为科技有限公司"，也在养老照护行业的科技产品上，取得了令人瞩目的成就，推出了许多适老性产品，包括洗浴护理系列产品、大小便护理系列产品、上下床系列产品、行走系列产品、吃饭系列产品、穿戴系列产品和综合护理系列产品等。目前这些产品已经取得了"中国康复辅具十大品牌之一"的称号，在国内外也获得了很多奖项。

　　中国政府也十分重视科技养老。2024 年的《政府工作报告》中首次提出要"加强健康养老等民生科技研发应用"。国务院在 2024 年的 1 号文件《关于发展银发经济增进老年人福祉的意见》中，也把打造智慧健康养老新业态作为一项重要的任务目标。同时，各个地方政府也十分重视科技养老，纷纷推出更切实的政策和措施。比如，上海市政府办公厅近日印发了《上海市推进养老科技创新发展行动方案（2024～2027 年）》。该行动方案提出到 2027 年要初步建成养老科技创新与产业发展的高地，包括创建一个养老科技产业园，建成 1～2 个高质量孵化器、3～5 个企业技术创新中心、1～2 个研发测试公共服务平台，引进并培育 5～10 家龙头企业，建设 5～10 个养老科技产品展示体验基地，并在此基础上，初步建成上海市基本养老服务综合平台，年均服务老年人要超过 500 万人次。可见，在科技养老问题上，政府的决心很大，也将有巨大的投入，企业参与感很强，已有一批先行者，未来可期。

如何看待科技养老

毫无疑问，科技应用于养老照护行业，是中国银发经济发展的一个必然要求和趋势。中国的"银发海啸"（美国学者葛玟语）有着不同于其他国家的一些特点：一是突然增长的老年人数量巨大，短短的十几年时间就达 2 亿之多，未来 10 年将有 4 亿老人，这个世界上没有一个国家应对过这么庞大数量的老年人；二是原来的养老服务体系建设相对落后，还没有形成现代的、成规模和体系的养老照护系统，尤其是医养结合的系统；三是中国的家庭结构开始弱化，甚至解体，依靠传统的家族式的养老照护已经不现实。在此情况下，在行业内还有一个巨大的短板，即人才的匮乏，无论是养老机构的人才，还是照护的专业人才，都严重缺乏。现在的从业人员，一是人数少，二是素质低，文化程度低，急需继续教育和培训提高。所以，结合中国经济和现状，用科技手段来解决养老的这些问题，既是客观现实的需要，也是未来发展的一个方向。

目前全球有 6 万多种养老科技产品，其中一半以上的产品产自日本，我国只有 2000 多种相关产品，发展潜力还非常大。按照上文提到的上海市政府制定的"行动方案"，未来的科技养老产品主要聚力于三大领域开发，即"智能传感技术""信息和通信技术""人工智能技术"，这三大领域与中国高科技的发展也是相呼应的。在上述三大领域内着重开发六类科技养老的产品，分别是"生活辅助类产品""健康服务类产品""康复辅助类产品""安全监护类产品""照护服务类产品"和"情感慰藉类产品"。

虽然国家和政府从战略层面实施科技养老，但是并不等于我们仅仅用科技手段就能解决养老中的所有问题，尤其是照护服务和医养结合的问题。以机器人为代表的辅助设施，以 AI 为主的感知服务工具等，都应当视为养老照护服务中硬件的提升，就如同科技代表了人的精神追求一样，这些硬件只有配以更合适的养老照护体系、更优质的养老照护服务人才，才能变得既有品质，又有温度。

第十六章 智慧养老：医养结合的前期建设

必须先有数字化才有智能化，必须把数字化放在一个完整的生态体系中，才能因智能而产生智慧，才能谈得上是智慧养老。

如果说科技养老产品旨在提升养老设施和适用产品等硬件，智慧养老则是追求用数字化、智能化和标准化的模型，统领养老诸领域的服务和数据，从而形成医养结合的养老体系的前提条件和基础。

根据中国人民大学智慧养老研究所所长左美云教授在《智慧养老》一书中的定义，智慧养老是指："利用信息技术等现代科技（如互联网、社交网、物联网、5G、移动计算、大数据、云计算、人工智能、区块链、数字孪生等），围绕老年人的生活起居、安全保障、医疗卫生、保健康复、娱乐休闲、学习分享等各方面支持老年人的生活服务和管理，对涉老信息自动监测、预警甚至主动处置，实现这些技术与老年人的友好、自主式、个性化智能交互，一方面提升老年人的生活质量，另一方面利用好老年人的经验智慧，使智慧科技和智慧老年人相得益彰，帮助老年人更多地实现社会参与，尽可能地增强独立性，最终使老年人过得更幸福、更有尊严、更有价值。"可见，智慧养老涉及所有科技养老产品的应用、养老机构智能化管理系统和管理人才，以及照护人才的教育和培训，并将相关各个服务环节数据化、标准化，从而实现智能化。

我们需要看一下，左美云教授根据上海市民政局等部门发布的 12 个智慧养老应用场景绘制的图表，可能有助于我们理解智慧养老的内涵和范围（见表 16-1 至表 16-4）。

表 16-1 智慧养老应用场景——安全防护类 6 个

应用场景	内容
场景 1： 老年人防跌倒场景	针对有轻度行动障碍或发生跌倒事故风险较大的老年人，通过使用可穿戴设备、助行机器人等各类跌倒防护产品，当老年人发生跌倒事故时能够大幅降低身体伤害
场景 2： 老年人紧急救援场景	（1）在自主救援场景中，提供一种老年人使用方便、操作简单、服务精准、收费不高的老年人紧急救助整体解决方案； （2）在无感监测报警场景中，针对老年人无人看护时的监测报警需求，老年人发生中风、跌倒、心梗等意外情况时，能及时报警
场景 3： 认知障碍老年人的 防走失场景	提供一种方便易用、老年人接受度高、成本低、定位准确、后台支持成本低的防走失解决方案
场景 4： 机构出入管控场景	大型养老机构人员进出管控的解决方案。综合采取人脸识别、红外监测、门禁管理等技术，可满足进出方便、审核快速、指定进入区域和路线、同步测量人员体温和监测随申码等要求
场景 5： 机构智能查房场景	能保障老年人夜间看护安全、降低各类突发事件风险、弥补护理员夜间巡查人力不足的智能查房解决方案
场景 6： 机构智能视频 监控场景	提供基于视频压缩技术的低成本智能视频监控方案，能以较低的成本实现养老机构内部多个摄像头数据的实时采集、传输、保存、分析

表 16-2 智慧养老应用场景——照护服务类 2 个

应用场景	内容
场景 1： 家庭照护床位远程 支持场景	具备卧床护理、离床感应、体征监测、紧急呼叫、数据回传、远程指导（通过视频通话）等功能，体积小巧，安装简便，价格适中，年综合成本较低（支持租赁服务）

续表

应用场景	内容
场景2: 老年人卧床护理场景	提供智能化多功能护理床解决方案,要求具备二便处理、辅助翻身、体位调整、生命体征监测及报警、预防褥疮等功能,购买价格适中,年综合成本较低(支持租赁服务)

表16-3　智慧养老应用场景——健康服务类2个

应用场景	内容
场景1: 老年慢性病用药场景	应用"互联网+"技术,提供老年人每日开药、取药和服药的一站式解决方案。如可在老年人家庭、养老机构或家门口服务点配备智能药箱,采用人脸识别等技术供多个老年人取药、用药,具备界面友好、简单易用的自动分药、用药提醒功能。此外,在具备条件的场所(如养老机构),缺少药物时能够报警并远程对接内设医疗机构或社区医疗机构,实现远程开药、远程刷医保卡买药、对接医药企业送药上门
场景2: 机构无接触式智能消毒场景	提供无接触智能消毒机器人解决方案,要求价格适中、简单易用、稳定可靠,能够自动按照符合标准的消毒程序,依照设定的路线和区域开展消毒工作

表16-4　智慧养老应用场景——情感关爱类2个

应用场景	内容
场景1: 老年人智能语音交流互动场景	利用智能自动群呼系统,自动向村居委内数百名以上老年人拨打关爱电话,并具备交互功能,可听懂老年人的简单需求,或根据老年人述说自动转人工席位。要求系统总成本低,可将有关关爱通知信息自动转换为上海话,对老年人上海话的语言识别率高,并能智能识别老年人的需求

应用场景	内容
场景2: 老年人智能相伴场景	在居家、社区、机构等各种养老服务场景中,应用各类智能化、信息化手段,为老年人提供触手可及、便捷易用的养老信息资源服务和智能陪伴,提高老年人的生活质量,丰富老年人的社会参与

事实上,以此类推,智慧养老应用场景当然还包含更多的其他情况。究其实质,智慧养老实际上是要将养老服务业各领域的状况"数字化",然后,在此基础上搭建一个智慧养老的生态体系,只有在一个完整体系中,数字化的逐项养老元素才能被充分地关注、利用和照顾到。例如,老龄人与照护人员之间的关联是否适配、精准?不同业务系统之间的数据分享(如居家养老与养老机构之间)是否持续和有"记忆"?健康管理的App获得的数据是否会获得医院的认可?等等。都是数字化之后的生态体系问题。也就是说,必须先有数字化才有智能化,必须把数字化放在一个完整的生态体系中,才能因智能而产生"智慧",才能谈得上是智慧养老。

关于智能养老服务的生态体系,左美云教授认为,这个生态体系必须是以智慧养老服务平台为核心和基础载体,在政策环境、经济环境、文化环境、技术环境中,通过"协作"形成。涉及组织层面、政府层面和个体层面,组织层面主要是指服务的供给方即提供各项养老服务的组织机构,包括文化教育机构、医疗卫生机构、福利保障机构、第三方服务商(如居家服务提供商、设备供应商、应急救助机构等）。政府层面主要是指起监管作用的政府机关，包括卫生保健部门（卫健委）、公安部门、监管部门等。个体层面主要是服务的需求者，包括老年人及其家属（见图 16-1）。

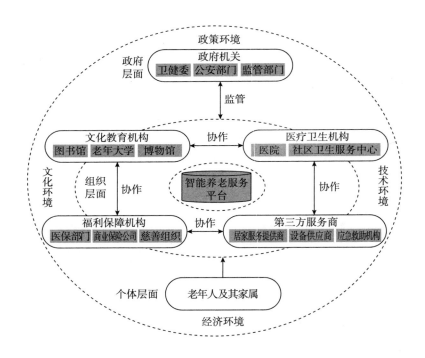

图 16-1　智能养老服务生态体系

这样一个智慧养老的生态系统，在很大程度上解决了全社会办养老，所有的社会资源合理配置到养老行业的问题。其中最重要的，就是涉及养老的核心问题，即医养如何结合？图15-1的生态体系是否与一些欧美国家的先进医养系统有相似之处？如"德国的黑森林医养照护体系"，或者美国的PACE医养兼具的养老院。因此，智慧养老的重要意义不仅仅是解决科技应用，或者说是解决科技产品在照护、医疗辅助、健康养老系统中的综合应用问题，关键是它将在科技基础上促进养老体系数字化、智能化、资源配置合理化。随着这种生态系统的不断完善，为我们走向医养结合的最佳养老模式奠定了基础。

第十七章　医养结合是未来的主航道

医养结合的最终模式一定不是现有的医院体系能够解决的，必须是一个全方位、综合性的社会组织，来组合各方面的资源，实现医养结合。

　　以上我们介绍了欧美国家先进的医养结合养老照护体系，也考察了中国养老业在科技和智慧养老中，通过各种探索和政府的规划、支持，取得了可喜成绩。未来我们到底走向何种形式的养老模式呢？我认为医养结合是我们最佳的选择，也是唯一符合中国国情和现代社会要求的养老照护模式，它是未来的主航道。

　　从照护的角度看，老年人可以分为三种情况：一是老年人尚能生活自理，但家中无人陪伴和照顾，需要居家照护，只是在生病的情况下需要入住养老机构或医院进行照护。二是老人的身体状况堪忧，或者认知失能程度开始弱化，已经无法独立居家生活，同时居家照护也无法满足一定的医疗保障，需要长期的专业照护，入住专业的照护机构，进行带医疗性的长期专业照护。三是中晚期失智老人和患有致命疾病的老人。这部分老人失忆、失语、失能，或者病情经常处于危急的状态，这类状况远远超出了一般的居家照护、陪伴式的养老机构所能提供的医疗技术服务，需要经常在住院与专业的、带医疗性的照护机构之间转换。可见，在老人照护中，在很大程度上是需要医疗性的或者医疗辅助性照护的，有的严重者直接需要医疗救治。可以说，在"医"和"养"这两类状况中，缺乏"医"是无法做好"养"的，甚至有"医"才有"养"。"养"的需求更多的是老年人生活的质量保证和提高，通过照护使老年人从物质上和精神上获得保障和愉悦，而这一切都必须通过及时并恰当的"医"来予以保障。

从医疗的角度看，关键是"医"和"养"结合的医疗资源如何布局问题。多年以来，爱护宁始终着力于开拓院中的照护业务，通过院中照护延伸到院后的居家护理，并在此基础上，致力于打通院前、院中、院后闭环式的服务链条。这种服务模式的意义，就是试图解决医养结合问题，只不过我们是通过照护环节来链接老年人和医院，增强老年人和社区照护、居家照护之间的联系。但是，在现实中，我们发现"医"和"养"仍然是脱离的，老人在居家照护、社区照护之中，需要就诊的，仍然是按照一般患者入院就诊或者是办理住院手续。"医""养"两张皮，糅不到一起，"养"中缺乏"医"，医疗资源没有恰当地在"养"中进行配置，这是目前许多地方养老机构面临的主要问题。

从政策法规的层面来看，国家很早就重视在基层和养老环节上的医疗资源布局。2019 年，国家制定了《中华人民共和国基本医疗卫生与健康促进法》，这是我国卫生与健康领域的第一部基础性、综合性的法律，其中关于分级诊疗、医联体、连续协同医疗卫生体系、生命全周期的医疗健康服务、信息系统、医疗保障、健康促进等方面的条款，与我们今天所说的医养结合直接相关。如，第 35 条规定，"基层医疗卫生机构主要提供预防、保健、健康教育、疾病管理，为居民建立健康档案，常见病、多发病的诊疗以及部分疾病的康复、护理，接收医院转诊患者，向医院转诊超出自身服务能力的患者等基本医疗卫生服务"。这里所说的基层医疗卫生机构所从事的工作，就与养老行业息息相关，许多就是在养老行业里面要做的关于"医"的事情。又如，该法第 31 条规定，"国家推进基层医疗卫生机构实行家庭医生签约服务，建立家庭医生服务团队，与居民签订协议，根据居民健康状况和医疗需求提供基本医疗卫生服务"。

有学者认为，我国立法上规定的家庭医生是建立医养照护体系的起点。家庭医生是通过签约服务与居民个人和家庭合作在社区提供基本保健首诊服务的基层医护人员。它的特点是依法签约提供服务，同时具有基层医护工作者的资质，包括全科医生、公卫医师、乡村医生等，全科医生不等于家庭医生，可能是家庭医生团队的带头人。家庭医生起源于 19 世纪的英国，后来在西方国家得到了广泛的推行，我国立法上既然肯定了家庭医生这一制度，说明在医养结合方面我们正在吸取世界的有益经验。这项制度重要的是"首诊制"。家庭医生首诊制是指患者的首位接诊的家庭医生要负责患者诊治的全部过程，这样就覆盖了患者初诊、转诊与康复的全过程，一般也不会产生重复就医的情况。董家鸿和张宗久先生编撰的《中国整合式卫生医护体系发展报告（2023）》中提到深圳罗湖医院集团对家庭医生模式的探索：

深圳市罗湖医院集团在实践中形成"1+X＝3"的工作模式：1 名全科医生（或者其他具有资质的医师）负责签约管理；根据签约患者的需要组织医务人员团队，包括公卫医师、药剂师、康复师、护理师、中医师、营养师等，每周 2 天入户巡诊，平均每家 30~60 分钟；为签约居民和患者提供 3 类服务，包括基本公共卫生、基本医疗和健康促进。以黄贝岭社区为例，有 13 个家庭医生团队服务 4 万名居民，其中有 2.2 万人签约，平均每个家庭医生团队服务近 1700 人。居民在社区可以做胸片、彩超等辅助诊断，接受大全科和小专科的服务。2019 年，清华大学医院管理研究生院师生到罗湖医院集团调研发现，签约居民和家庭医生团队相对稳定，签约率持续增长。2020~2022 年，在抗击新冠疫情过程中，该团队充分发挥基层就诊、慢性病管理、医养融合作用，促进了公共卫生和疾病体系的发展，用数据证明了整合式医疗的成功。

深圳市罗湖医院集团的上述做法，特别符合嵌入式的医养结合特征。所谓嵌入式的医养结合模式，是指对原有养老机构、社区、居家养老模式的补充和整合。也就是在原有的、相对独立和单一的养老模式上，整合现有的医疗及社会其他资源，通过资源新增、合并、升级等方式，内嵌式地植入医疗资源，为老人提供更专业化、更高的、针对性更强的养老服务。然而，以医院为主体介入社区基层养老，固然是好事，尤其是实施家庭医生制度，给社区养老、家庭照护带来了医疗资源的分享。但是，医养结合的最终模式一定不是现有的医院体系能够解决的，必须是一个全方位、综合性的社会组织，来组合各方面的资源，实现医养结合。我斗胆做了一个设想，如图 17-1 所示。

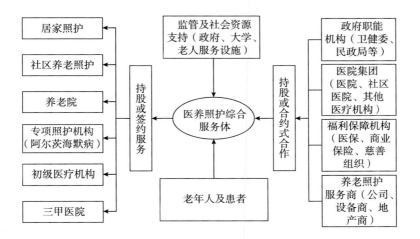

图 17-1　医养结合模式设想图

在这个架构中，"医养照护综合服务体"是核心，它可以是公办公营，也可以是公办民营，甚至是民办民营。作为改革的尝试，我建议最好是公办民营，或者民办民营，使其更具活力，利于探索。当然，无论它属于谁，由谁来经营，最关键的是，它要能够整合所有的养老服务资源，尤其是医疗资源。在这个综合体内，应该包括相当数量的家庭医生、专科医生、健康专家、中西医结合的医师、专业护士等医护人员，这才是最关键的。

第十八章

荷兰的成功：『骗子小镇』

失智老人对精神生活的追求一点也不比正常人差。

荷兰有个骗子小镇，整个小镇的管理服务人员都是骗子，专门欺骗老年人。大约有 150 位老年人被骗后长期关在这个小镇里，不得出入。从 2009 年至今，这些老人已经被关在这里长达 15 年了。但是，这个骗子小镇并没有引来警察，也没有引起社会公愤和谴责，相反，引来的却是世界各地的参观人士和前来学习的学生，这些人都来关注这个小镇如何欺骗老年人。

一位名叫伊冯·范·阿姆荣根（Yvonne Van Amerongen）的女士创立了这个小镇。她原来是一名专职的看护阿尔茨海默病老人的护工，20 多年前，她就开始照顾患有阿尔茨海默病的老人。她在工作中发现，传统的养老机构和照护方式，根本不利于这些老人的健康和快乐，所以，她希望有一种新的方式让这些失智的老人生活得更好，更有尊严。于是，她想到了这样一个主意。

这个名叫霍格威的小镇占地 12000m²，拥有广场、公园、超市、餐厅、咖啡厅、酒吧、电影院、理发店等一应俱全的城市化的设施，却没有养老院那冰冷的高墙，更没有通常对失智症老人实行的隔离照护方法。在传统的失智症老人照护机构里，老人通常被强制地关在房间里，甚至有的地方还有捆绑老人的情况。老人的一切活动都是由照护者来安排，无法按照自己的意愿来生活，衣食住行不能自己决定，每天只能待在被限定的空间里，等于失去了自由。如此一来，失智老人丧失了很多重要的人生乐趣，而这样的隔离照护和治疗方式，在科学上也被证明会加重认知症患者的病情。所以，这个小镇的设计完全采取一种开放式的设计，用 23 座舒适和现代的公寓替代了传统的病房，所有的建筑都参照了 20 世纪 40 年代和 50 年代的建筑风格，将老人留存记忆中的生活场景得以激活，增加他们的安全感、熟悉感，降低他们的焦躁感，缓解病情。而老人居住的房间特地设计了 7 种主题风格，分别是城市风格、贵族风格、商务风格、印度风格、居家风格、文化风格和宗教风格。针对老人不同的身世、履历和爱好，将他们安置在不同风格的房间里，这些房间有的充满了温馨，有的很别致，有的颇具商务感、高级感，有的又有着强烈的宗教色彩，甚至房间的家具和用品也是复古的，有的房间里有黑胶唱片和留声机，有的桌子上铺着古典花纹的桌布，就连窗帘的色调和装饰都尽量和几十年前的那个年代一样，让老人住在这里更加安心。小镇里还通过老照片和怀旧音乐等唤起失智老人几十年前的记忆，让他们有更多的精神归属感。

失智老人对精神生活的追求一点也不比正常人差。小镇根据每个老人的情况，为他们规划了 4 种兴趣爱好的生活方式，分别由 4 个组别差异性的活动来体现："手工艺组"吸纳的大多是做工匠、工人或者厨师出身的人，他们喜欢动手干活；"文化组"将爱好文艺活动，喜欢艺术、文学的人聚在了一起；"家庭组"聚集了喜欢打扫家庭卫生，喜欢料理，重视家庭关系的人；"基督组"把宗教信仰作为生活主要内容的人聚在一起，他们的活动主要包括祷告、听宗教音乐、上教堂等。这些组别活动充分地活跃了老人们的精神生活。

骗子小镇在医护管理上也采取了颇具新意的方式。首先他们将老人们以 6~8 人为一个单元共同使用一个大起居室，也就是共用大客厅。然后分 3 个级别来管理老人们的活动范围。病情严重的老人只能在自己的单元内活动，不得走出单元。状况稍好的，可以到别的单元里去串门。级别最高的可以到公共场所，如公共餐厅、超市等区域。这里没有穿着白大褂的医生或者护士，所有的管理人员都有其他的掩护身份，公寓里的管家、咖啡馆的收银员、杂货店的店主、超市的售货员、理发店的理发师和邮局的送信人等，这些人都是肩负不同职责的医护管理人员。此外，在每一栋公寓里面都有两位固定的医护人员，与居住在这栋公寓的老人相互熟悉，他们有固定的管理职责。

霍格威小镇离阿姆斯特丹不远，经常有各种人或者学生来小镇参观，有时候学校会组织学生来这里，学生们假扮成参观的游客，与这里的老人们聊天，使老人们能够享受到社交生活的愉悦。

霍格威小镇的成功，给世界各国的阿尔茨海默病老人照护，提供了一个生动的、特殊的范例。我们期待在不远的将来，中国也会出现这样的特殊照护之境，为患有失智症的老人带来福音。但是，如本书前述，我们面临的情况更为复杂和严峻。中国目前有失智老人约 900 万人，到 2033 年，将增长到 4000 万人！这么大的失智人口基数，不可能做到都由机构组织来照护，尤其是像霍格威小镇式的照护模式。对失智老人的照护，我们肯定还是以居家照护为主。因此，在未来的十年内，我们亟待探索出照护阿尔茨海默病老人的创新模式。

第十九章

爱护宁的选择：情感、专业、温暖

"生活就是与人同在"，照护构成了社会生活的基础，而孕育出美好的照护实践则是智慧生活的体现。

　　近读国际医学人类学界与精神卫生领域的杰出代表、美国人文与科学院院士凯博文博士的《照护》一书，我深受触动。书中，凯博文博士以细腻的笔触描绘了照护工作的艰辛与伟大。这是一项漫长而充满挑战的任务，时而带来心灵的慰藉，时而令人疲惫不堪，甚至焦虑重重。但正是这份工作，赋予了生命以意义，见证了爱如何在记忆的消逝中绽放出不朽的光芒。医疗与照护，并非简单的二元对立，而是相辅相成的。在这个过程中，一颗充满关怀的心，其价值远远超越了医学技术本身。爱是创造意义的先决条件，而关爱则是道德和情感上最为重要的元素。正如我在2018年出版的博士论文《服务型企业文化建构中情感要素的绩效价值研究》中所探讨的，爱是让世界变得美好的理由，是美与善的源泉，是美德的体现，是智慧与生活之间的桥梁。

　　爱护宁的选择，正是对这份情感的深刻回应。它不仅仅是一个品牌或服务的名称，更是对人性温暖与专业精神的高度凝练，"爱"是情感，"护"是专业，"宁"是温暖。在爱护宁的实践中，我们看到了照护的力量——它不仅是家庭与友情中的黏合剂，更是社会生活中不可或缺的基石。面对社会的冷漠与医疗体系的挑战，我们更加需要反思与行动，将个人情感、家庭温暖与专业护理系统紧密结合，共同承担起照护的重任。

　　面对当下社会的政治冷漠与倦怠危机，面对大众对于医疗体系的不满情绪，凯博文强调："我们必须向自己，也向我们的医生，抛出某些并不让人愉快的问题。"究其本质，照护的灵魂也是对灵魂的照护，它超越了物质层面的满足，触及了人类精神世界的深处。爱护宁所追求的，正是这样一种深层次、全方位的照护体验。它让我们相信，无论经历多少风雨，只要心中有爱，就能找到前行的力量。

随着中国社会老龄化的加剧、劳动力市场的变迁以及现代道德观念的转型，照护的需求变得前所未有的迫切。如何更好地理解照护的内涵、提升照护能力，成为每个人、每个家庭乃至整个社会都需要面对的课题。在这个过程中，"爱护宁"以其专业的探索与温暖的实践，为我们提供了宝贵的启示与借鉴。最终，我们意识到，照护不仅仅是为了他人，更是为了我们自己。在给予的同时，我们也收获了成长与满足。

正如古语所言，"生活就是与人同在"，照护构成了社会生活的基础，而孕育出美好的照护实践则是智慧生活的体现。我们应当积极采取行动，重新规划政策与计划，重塑我们的态度和行为模式。那么，我们的世界将会发生根本性的转变。

后记　活着就是为了爱

我不但要归主，而且要尊行：我要参与事奉。

我不但要信仰，而且要实践：我要身体力行。

我不但要宽恕，而且要爱人：我要忘却得失。

我不但要言传，而且要身教：我要感化众人。

我不但要关怀，而且要挽救：我要助人为乐。

我不但要梦想，而且要实干：我要广施善行。

我不但要施予，而且要效力：我要服务终生。

　　　　　　　　　　——特蕾莎修女的格言

对于那些需要照护的人而言，照护是光明，是希望，也是救赎。正如特蕾莎修女所言："活着就是为了爱"。生命虽苦涩如歌，但人们却一直在追逐人生中的宁静自得，他们深知简单平凡的日常事物悄悄隐藏着平静的力量，也教会我们即便在暮年之际，面对身体的衰弱与现实的冷酷，内心仍应怀揣对生命的热爱与珍视。

即便是在生命中最艰难的时刻，我们依然渴望能得到一丝丝温暖和关爱，让尊严与体面得以维持。我们祈愿生命平和圆满，岁月温柔以待，然而，这美好的愿景何时会遭遇现实的冲击，却无人能够预知。

通过对 45 位患者的真实反馈进行分析，结合我个人的职业思考，我越发感受到传统照护观念的局限性。无论是"养儿防老"的传统观念，还是"简单照料即足"的片面理解，在现实面前都显得力不从心。缺乏专业护理与情感支持的照护，往往难以满足老年人与患者的深层次需求，甚至可能加剧其无助与痛苦。

20 余年的医疗照护经历，加之对"情感价值"的深入研究，让我更加坚信，真正的照护远不止于身体的看护，更在于心灵的慰藉与尊严的守护。通过实践、总结、再实践，我深刻体会到，仅仅依靠家人或简单的陪伴是远远不够的，我们需要的是专业化、有温度的照护，让爱与专业并行，成为患者最坚实的依靠。

日本学者三浦展在其新著《孤独社会：即将到来的第五消

费时代》中，纵情探讨了新冠疫情后第四消费时代关于"生与死，爱与孤独以及自由"的问题，亦详尽论述了单身社会现象，指出照料市场不仅面向老年人，还包括年轻人和中年人等广泛群体。在对第五消费时代进行分析和展望时，他提出在 AI 不断推进的快速且规模巨大的消费社会中，人们正在努力实现一种"慢速（slow）、小规模（small）、软性（soft）、社交（sociable）、可持续（sustainable）"的生活，即人们在宽松舒适的小型社区里，既与他人保持交往，又享受着悠闲的生活节奏。在我看来，这种追求再人格化、再生活化的趋势，渴望活得真实、具体，寻求关系连接与温暖，不仅体现了人类对高质量、可持续生活的追求，也是我对待生活的坚定态度和信心所在。

与此同时，一系列护理文献的研究也为我们指明了方向。如《家庭尊严干预在晚期癌症患者家庭主要照顾者中的应用研究》指出，自尊在照护情境中体现为个体对自身价值的认同与自我能力的肯定，尊严则是这一自我认同的基石；《生命伦理视域下人的尊严问题——兼评〈人的尊严和生命伦理〉》进一步拓宽了尊严的维度，强调尊严不仅根植于个体的智力与情感能力，更深刻地关联着个人的道德品质与对社会的积极贡献；《用专业技能守护生命的尊严》则聚焦于护理专业人才的培育路径，明确指出，除扎实的护理技能外，掌握危机干预、情绪管理、初步疾病诊断等综合能力同样不可或缺。这些研究不仅丰富了我们对尊严内涵的理解，更为我们提供了切实可行的照护策略。

随着时光的悄然流逝，我们终将老去，或许疾病会不期造访，让曾经的坚强变得脆弱，此刻，每个人都将成为渴望被呵护与陪伴的弱者。但请相信，只要有爱与专业这双坚实的拐杖支撑着我们前行，我们定能在人生的道路上，继续展现生命的无限精彩与价值。

致　谢

　　本书的构思，源于我作为医疗照护领域 22 年的从业者，渴望记录和回顾这些年来自己的所见所闻、所思所感，以及对行业的深入思考与学习。我期望通过《爱护宁——从我在行业中 22 年的探索看照护的未来》与读者产生共鸣，激励更多人去理解和实践照护工作，确保每一个孤独的灵魂、每一处疼痛和每一个无法自理的身体都能得到应有的关注和关怀，让我们能够有尊严而温馨地度过一生。

　　"爱护宁"是我创立的新生活公司旗下的一个照护品牌，专注于为患者和长者提供全方位的照护服务，涵盖院前、院中、院后以及家庭照护。在此，我要首先向新生活公司的数千名照护师们表达我的感激之情。正是你们受到特蕾莎修女《怀大爱心做小事情》的启发，在临床和家庭中坚持"温暖且专业"的照护理念，为无数患者和长者提供了卓越的照护服务，激励了我记录和出版《爱护宁》的决心。感谢你们的实践让我见证了照护的深远意义和强大力量，也让我对中国即将步入的老龄社会抱有美好的期待。

　　本书的如期出版，既是我个人信念的体现，也是我给自己的生日礼物。我要特别感谢自己在这家充满善意的组织中度过的 22 年时光，从 27 岁创业至今，青春到暮年，《爱护宁》将伴随我走过人生。正如我在序言中所写："忠诚，是一种历程。"我以这份生日礼物为证，证明创办一家充满善意的企业并实践新现实主义理念是我无悔的选择与坚持。同时，我也感谢自己在"情感"领域的学术研究和实践经历，为《爱护宁》的诞生提供了灵感。

我还要特别感谢刘剑先生，他不仅是我的挚友，也是公司的独立董事和企业导师。他是一位充满情怀和善意的知名律师、教授，更是一位杰出的摄影师。他关心"爱护宁"，关心长者晚年生活的尊严，更关心中国养老未来的医养商业模式和行业的温度与专业精神的建立。从鼓励我提笔写作，到推荐序的撰写、本书的策划、设计、审稿，他都全力支持并严格把关，期望《爱护宁》能够高质量出版。他更期待这本书能对政府、社会、从业机构和人员产生积极的影响，尤其是为患者和长者们带来喜悦和希望。

同时，我也要向与我并肩作战的团队成员路迎春、蒋艳斌、欧阳敏儿、戴艳萍表示衷心的感谢。他们在创作过程中及时为我提供素材、案例、图片，并与我共同探讨。感谢路迎春，在整个写作过程中对书稿的跟进、编排、整理以及部分改稿工作。此外，还要感谢公司品牌总监黄天月和设计师张达强在封面和版面设计上的贡献。

最后，我要感谢为本书撰写推荐的各位：刘剑、张世贤、Stephan Dyckerhoff、黄家悌、金山権（KANEYAMA KEN）、齐忠权、杨云、黄蔚、李汶渲、张英俊。

　　实际上，《爱护宁》这本书尚未完成，这只是个开始，一个"温暖且专业"创造美好生活的开始。我们将继续书写和实践下去，永不止步。这既是生活，也是我的事业。感谢你们所有人的支持，成就了今天的《爱护宁》。期待更多的爱护宁天使降临人间，为每一个人带去关爱与温暖。

参考文献

［1］葛玫．谁住进了养老院［M］.上海：上海三联书店，2023.

［2］长江．养老革命［M］.北京：华龄出版社，2023.

［3］赵浩华．欧洲福利国家制度变迁研究［M］.北京：社会科学文献出版社，2023.

［4］罗守贵，谈义良．中国养老行业发展报2023［M］.上海：上海交通大学出版社，2023.

［5］韩振秋．老龄化问题应对研究：基于科学与社会的视角［M］.北京：知识产权出版社，2018.

［6］陈大道．特蕾莎修女传［M］.西安：陕西师范大学出版社，2010.

［7］彼得·辛格．行最大的善（实效利他主义改变我们的生活）［M］.北京：生活·读书·新知三联书店，2024.

［8］左美云．智慧养老：服务与运营［M］.北京：清华大学出版社，2022.

［9］琼·格拉夫·克鲁卡斯．特蕾莎修女［M］.北京：中国工人出版社，2009.

［10］刘斌．养老保险与大国之治——对我国多层次养老保险制度优化的思考［M］.成都：西南财经大学出版社，2023.

［11］何晓敏，杜清．医养结合养老服务模式的可持续发展：以基层为主导的嵌入式医养结合研究［M］．北京：光明日报出版社，2023.

［12］徐倩．银发中国：中国城市社会养老服务理论与实践［M］．北京：北京大学出版社，2021.

［13］董家鸿，张宗久．中国整合式卫生医护体系发展报告（2023）［M］．北京：社会科学文献出版社，2024.

［14］三浦展．孤独社会：将到来的第五消费时代［M］．北京：人民邮电出版社，2023.

［15］朱荣芬．服务型企业文化构建中情感要素的绩效价值研究［M］．北京：经济管理出版社，2018.

［16］陈晓萍．跨文化管理（第3版）［M］．北京：清华大学出版社，2016.

［17］彭凯平．吾心可鉴：跨文化沟通［M］．北京：清华大学出版社，2020.

［18］凯博文．照护［M］．北京：中信出版社，2020.

［19］左美云．智慧养老：服务与运营［M］．北京：清华大学出版社，2022.

［20］安艳芳．作者笔下的吕梁山护工［M］．北京：现代出版社，2021.

［21］博组客官方网站，https：//www.buurtzorg.com.cn.